Michael Casey OCSO

Lectio divina

Die Kunst der geistlichen Lesung

Michael Casey OCSO

Lectio divina

Die Kunst
der geistlichen Lesung

Aus dem Englischen
von Adelrich Staub OSB

Umschlagbild: Helmut Kästl, Lebendige Quelle, 1984
Mischtechnik, 43 x 30,5 cm

1. Auflage 2009
2. verbesserte Auflage 2010

Originaltitel: Sacred Reading: The Ancient Art of Lectio Divina
Copyright © 1995 Michael Casey. All rights reserved.
Erstveröffentlichung 1996 in Triumph Books
im Verlag Liguori Publications
Liguori, Missouri 63057, USA

eös

Copyright © 2009 by EOS Verlag Sankt Ottilien
mail@eos-verlag.de
www.eos-verlag.de

ISBN 978-3-8306-7335-4

Bibliografische Information der Deutschen Bibliothek
Die Deutsche Bibliothek verzeichnet diese Publikation in der
Deutschen Nationalbibliografie; detaillierte bibliografische Angaben
sind im Internet unter http://dnb.ddb.de abrufbar.

Umschlaggestaltung: Martina Heuer, Präsenz Kunst und Buch
Druck und Bindung: Friedrich Pustet KG Regensburg

Inhaltsverzeichnis

Vorwort

In der Folge des zweiten Vatikanischen Konzils haben die katholischen Ordensgemeinschaften viel Kraft auf den Versuch verwendet, ihr je eigenes Charisma zu bestimmen. Sie hofften, dass diese deutlichere Sicht ihnen helfen würde, das Wissen um die eigene Identität zu vertiefen, dass sie aber auch Hinweise auf die besonderen Dienste geben würde, die die einzelnen Ordensgemeinschaften der Kirche anbieten können. Das Konzil legte Wert darauf, dass die Charismen das Leben der verschiedenen kirchlichen Gruppierungen verbessern, aber auch über sie hinaus wirksam sein sollten. Was Einzelnen und einer Gemeinschaft gegeben ist, soll letztlich das ganze Volk Gottes bereichern.

Alle Ordengemeinschaften mussten sich der Frage stellen: „Was können wir dem Volk Gottes anbieten?" In vielen Fällen betraf die Antwort die vielfältigen Dienste der Mitglieder von Ordensgemeinschaften und den Geist, in dem sie diese Dienste leisteten. Bei den monastischen Gemeinschaften war das etwas schwieriger. Ihr Charisma besteht in ihrer besonderen Lebensform – besser: Nicht im Lebensstil als solchem, sondern in der überlieferten Weisheit, die diesen prägt und auf unterschiedliche Situationen anwendbar ist.

Die meisten westlichen monastischen Ordensgemeinschaften folgen der Regel des heiligen Benedikt. Das hatte im Rahmen einer 1500-jährigen Geschichte zur Folge, dass die nachkonziliaren Schocks leichter aufgefangen werden konnten. Man befasste sich weniger mit Einzelheiten der jüngsten Vergangenheit. Der vorkonziliare Katholizismus

war sehr stark von den Haltungen und Frömmigkeits-
formen der Gegenreformation geprägt. Die monastische
Spiritualität geht viel weiter zurück. Mit einem so starken Wurzelwerk war das Wagnis, das Äußere radikal zu
beschneiden, wie es das Konzil forderte, weniger trauma-
tisch. Ein Teil dessen, was diese alten Orden der Kirche an-
zubieten haben, stammt aus der Antike. Das kann bewusst
machen, dass die Kirche aus mehr als nur aus den Gebräuchen und Einstellungen der letzten paar Jahrhunderte besteht. Im Zuge der Erneuerung haben wir entdeckt, dass
es tiefe menschliche und christliche Erfahrungen gibt, die
erst noch erforscht werden müssen. Die Unruhen der letzten Jahrzehnte haben dann etwas Gutes gebracht, wenn
sie die verborgenen Schätze aufgedeckt haben, die unsere
schöpferische Interaktion mit der zeitgenössischen Wirklichkeit erleichtern.

Trotz praktischer Schwierigkeiten hat das Konzil auf der
Ebene der Theorie vieles bestätigt, was aus der „benediktinischen" Überlieferung stammt.[1] Manches von dem, was
dem Zweiten Vaticanum wichtig schien, war den Mönchen
und Nonnen immer schon vertraut: die kirchliche Sicht,
die Betonung der Gemeinschaft gegenüber dem Individu-
alismus, die erneuerte Wertschätzung von Liturgie und Hl.
Schrift, der Geist der *humanitas*, die starke Christusbezo-
genheit. Diese Werte hat das westliche Mönchtum während langer Zeit gepflegt – auch als die Kirche als solche
sie wenig schätzte. Sie waren zum Beispiel in den Schriften von Abt Colomba Marmion (1858-1923) enthalten:
seine Bücher waren die grundlegende Lektüre der Mönche,
aber auch sehr vieler Priester und Ordensleute – sogar von
Bischöfen. In der Tat hatten wohl die meisten Konzilsväter
im Laufe ihres Lebens irgendwann Marmion gelesen.[2] Er

hat wohl auf verborgene Weise die Ergebnisse dieser von der Vorsehung geschenkten Versammlung beeinflusst.

Als sich der Staub nach der intensiven, vom Konzil angeregten Hausreinigung erneut legte, begannen Mönche und Nonnen das geistliche Erbe ihrer monastischen Überlieferung (wieder) mehr zu schätzen. Zunehmend boten sie dem Volk Gottes die tiefe, durch Erfahrung gewonnene Weisheit der monastischen Tradition an: in der Gastfreundschaft, durch Bücher und Gespräche. Für viele war die monastische Spiritualität wie ein frischer Luftzug. Mehr denn je sind viele Menschen für ihre Kontakte mit Gemeinschaften dankbar und erhoffen sich von der monastischen Spiritualität die einzigartige Mischung von Nüchternheit und Hingabe, die allein Religion wirklich erscheinen lässt. Dabei spielt es keine Rolle, dass der Alltag dieser Menschen mit der klösterlichen Existenz wenig zu tun hat. Der Geist des Mönchtums ist sehr weit und nicht nur dem Mönchtum eigen; er kann leicht auf andere Situationen übertragen werden. Deswegen hat er die langen Jahrhunderte wohl auch relativ intakt überstanden.

Zu den wieder entdeckten Elementen des monastischen Weges zu Gott gehörte ganz wesentlich die *lectio divina*,[3] die Kunst der geistlichen Lesung. Diese ist aber vom Lesen, das dem Wissen dient, so verschieden, dass eine Art neuer Erziehung nötig ist. *Lectio divina* ist mehr als das Studieren „geistlicher Bücher". *Lectio divina* ist eine Gebetsweise und ein Leitfaden für das Leben. Sie hilft, in das Herz hinabzusteigen und Gott zu finden. In den vergangenen zwei Jahrzehnten ließen sich viele in die *lectio* einführen, auch wenn damit oft einfach eine schon bestehende Praxis aufgefrischt wurde. Viele haben entdeckt, dass die Verbindung von Gebet und Schrift hilft, den Subjektivismus zu überwinden und Auswege aus der Sackgasse einer unverständlichen geistlichen Erfahrung zu finden.

Während der 1970er Jahre sind viele Artikel über die *lectio divina* erschienen. Wer Zeitschriften und Bücher zum Thema Spiritualität las, wurde mit Theorie und Praxis gut vertraut. Es fällt aber auf, dass es eine Generation später kein ausführlicheres, von einem monastischen Autor verfasstes Werk gibt, das sich für jene eignet, die selbst über zwei Jahrzehnte die *lectio* praktiziert haben.[3] Das vorliegende Buch versucht da Abhilfe zu schaffen, indem es über Aspekte der *lectio* nachdenkt, die bei ernsthafter Praxis wichtig sind. Das bedeutet notwendigerweise eine gewisse Rückkehr zu den grundlegenden Elementen. Der Schwerpunkt des Buches liegt aber auf späteren Entwicklungen. Dazu gehört besonders auch, dass *lectio* nicht nur als Gebetstechnik verstanden wird, vielmehr auch als Vorbereitung auf die Kontemplation. In der Folge überschneidet sich manches und ist auch mehrdeutig; vieles von dem, was über die geistliche Lesung gesagt wird, gilt auch vom Gebet und von der Kontemplation und umgekehrt.

Ich betone, dass ich selber das vorliegende Buch nicht als *lectio divina* sehe. Das versteht sich meines Erachtens von selbst. Das Buch will nur Hinweise geben und dem kritischen Nachdenken dienen. Es möchte auf leicht zugängliche und einigermaßen systematische Weise über eine kostbare, überlieferte Kunst sprechen. Wenn Leser in diesem Werk etwas finden, das ihnen hilft, auf dem eigenen Weg zu Gott einen weiteren Schritt zu tun, hat es seinen Zweck erfüllt.

Um Antworten zu finden auf Fragen, die sich aus dieser Abhandlung ergeben, habe ich mich an die Überlieferung gewandt. *Lectio divina* muss in einem gewissen Maß von der Geschichte her definiert werden. Diese Weise, kirchlich-geistliche Texte zu lesen, wurde in den Benediktinerklöstern entwickelt und geübt. Wir können von der Erfahrung der frühen Mönche und Nonnen lernen, auch wenn die daraus resultierende Praxis nicht genau die ihre spiegelt. Aber es ermöglicht uns doch wenigstens, gegen einige unserer kulturellen blinden Flecken anzugehen und so die Klarheit der geoffenbarten Wahrheit besser zu erfassen. Wir werden vermutlich entdecken, dass manche der alten Wertungen mit den zeitgenössischen Problemen übereinstimmen. Eine gewisse Verschmelzung des früheren und des heutigen Horizontes ermöglicht uns nicht nur, eine jahrhundertealte Erfahrung als Quelle zu nutzen, sie hilft uns auch, das, was unsere Generation an Eigenem beiträgt, mehr zu schätzen.

Sie finden in diesem Buch viele Hinweise auf die Mönchsregel des heiligen Benedikt und auf andere klassische Werke der monastischen Überlieferung. Die monastische Praxis des Westens ist der Mutterboden, auf dem die Kunst der geistlichen Lesung wuchs. Das heißt nicht, dass die Praxis auf jene beschränkt ist, die in Klöstern leben. Mein Ziel ist es, *lectio divina* so ausführlich darzustellen, dass jene, die außerhalb der Klöster leben und nicht in direktem Kontakt mit der gelebten Erfahrung der Mönche und Nonnen sind, aus deren Überlieferung für das Leben nach dem Evangelium Nutzen ziehen können.

Dieses Buch möchte die Vergangenheit ernst nehmen. Dabei geht es mir aber in erster Linie um die Gegenwart. Wenn ich in der alten Weisheit nach Antworten suche, tue ich das, weil meine eigene Erfahrung und die meiner Zeitgenossen sich Fragen stellen, die zeigen, dass die Grenzen von Zeit und Raum überstiegen und die Suche auf ein breiteres Fundament gestellt werden muss. Die Vergangenheit muss als Schatz verstanden werden, der zu einem besseren Leben in der Gegenwart führt. Ich mache mich nicht zum Verfechter einer Rückkehr zu alten Formen. Ich betone nur, dass die universelle menschliche Erfahrung Elemente enthält, die in unserer Kultur übersehen werden, die aber neu entdeckt werden können, wenn wir auf die Einsichten anderer Zeiten und Situationen achten. Ich will *lectio divina* auch nicht als den einzigen Weg zum Gebet und zum Leben darstellen. Meine Hoffnung geht lediglich dahin, dass die Leser diesem Buch entnehmen können, was sie brauchen, um einen eigenen Zugang zu gewinnen. Die Überlieferung dient der Gegenwart und der Zukunft; sie ist kein Tyrann, der einer ganz anderen Welt seine eigenen Vorlieben aufzwingen möchte.

1. Der Geist der monastischen *lectio*

Als der heilige Benedikt in der ersten Hälfte des 6. Jahrhunderts seine Kloster-*Regel* verfasste, ordnete er an, dass jeder Mönch täglich mehrere Stunden mit Lesen oder mit dem Zuhören von Büchern, die vorgelesen wurden, verbringen sollte. Das mag uns nicht besonders berühren – gilt doch das monastische Leben im Allgemeinen als eine Lebensform, die sich vom gewöhnlichen Leben ziemlich unterscheidet; zudem scheinen die Mönche oft Buch-Menschen zu sein. Tatsächlich verdient Benedikts eigenartige Anordnung eigens betrachtet zu werden, da sie zeigt, wie wesentlich diese Praxis für das christliche Leben ist.

Vor allem muss betont werden, dass die private Lesung zu jener Zeit etwas eher Ungewohntes war. Es gab nur wenige Bücher, und lesen konnten nur jene, die eine richtige Schulbildung hatten. Und das wurde in einer Zeit des rapiden Niedergangs des Römischen Reiches und seiner Zivilisation immer schwieriger. Lesematerial war keine Selbstverständlichkeit. Das Kopieren von Handschriften dauerte lange und erforderte große Sorgfalt. Von der Vorbereitung eines Pergaments bis zum Abschreiben eines ganzen Textes erforderte die Herstellung von Büchern viel Zeit und Mittel. Was die finanzielle Seite betrifft, kostete ein solches Buch in heutiger Währung vermutlich einige Tausend Euros. Für die Mönche der benediktinischen Tradition war das Lesen dennoch ein wesentliches Element ihres geistlichen Lebens. Sie waren auch bereit, beträchtliche Mittel einzusetzen, um das Lesen für sich und für kommende Generationen sicherzustellen.

Bücher waren selten und kostbar. Das bestimmte auch die Art des Lesens. Weil der Erwerb einer Handschrift eine beträchtliche Investition erforderte, wurden nur Werke kopiert, von denen man annahm, dass sie besonders wertvoll waren.[4] Da war kein Platz für „leichtes" Lesen. In der Folge ging man an diese Bücher mit der Erwartung heran, dass sie die Lektüre auch wert waren. Mit Kritik war man zurückhaltend. Der Leser öffnete das Buch, um von anderen, die erfahrener und gelehrter waren, zu lernen. Man stand einem Text ehrfürchtig gegenüber. Dies wuchs sich zu großer Wertschätzung aus, wenn es um die Bibel oder um Werke der großen christlichen Lehrer ging. Die Bücher selber galten als Allgemeinbesitz, und die Auswahl an Themen spiegelte die Interessen der Gemeinschaft wider. Auch wenn der einzelne Mönch sein Buch selber lesen und sich selber Gedanken machen mochte, galt sein Lesen der Gemeinschaft, nicht ihm als Einzelnem. Selbst wenn es Raum für das Persönliche gab, bewegte sich der einzelne Leser doch im gleichen Sinn-Rahmen wie die übrige Gemeinschaft. Das Lesen verfestigte bestehende Beziehungen; es förderte nicht die Vereinzelung. Das um so mehr, als die Mönche für gewöhnlich miteinander lasen. Bezeichnenderweise saßen sie schweigend im Kreuzgang, jeder mit seinem Buch beschäftigt. Oft hatten die Bücher ein beträchtliches Gewicht, man konnte nicht schnell lesen; so gaben sich die Mönche Mühe, es langsam zu tun. Vermutlich lasen sie laut. Wichtige Passagen lernte man oft auswendig; nur wenige Lehrer konnten sich Notizen machen, die dann wieder verwendbar waren. Es standen auch nur wenige Titel zur Verfügung, man las bevorzugte Werke mehrmals. Es gab kaum Nachschlagewerke oder Kommentare. Die Mönche mussten lernen, mit Schwierigkeiten und dunklen Stellen zu leben, und versuchen, den

Sinn der Texte, die sie vor sich hatten, selber irgendwie zu finden. Das Lesen war ein Gespräch mit dem Text. Für die meisten Mönche war die geistliche Lesung – im Kreuzgang und im Gottesdienst – die einzige Lektüre.

Viele von uns, die versuchen, die Technik der *lectio divina* zu meistern, sind sich bewusst, dass diese gern mit berufsbedingtem Lesen, mit Unterhaltung oder mit Lesen zur Vertiefung des Wissens verwechselt wird.[5] Es ist wohl nicht leicht, die Eigenart der *lectio* zu wahren. Wir müssen uns bemühen, unserer geistlichen Lesung die Qualitäten zu geben, welche die alten Mönche glücklicherweise kannten. Mehr als sie müssen wir über diese Lesung nachdenken. Am Ende hilft uns das aber, denn es gibt nichts Praktischeres als eine gute Theorie.

Das Buch als Einheit

Die Regel Benedikts spricht im Kapitel über die Fastenzeit sehr ausführlich über die *lectio divina*.[6] Für ihn ist das eine Zeit der persönlichen und gemeinschaftlichen Erneuerung, eine Zeit, in der wir unsere Fehler vermindern wollen und versuchen, vermehrt auf den Anruf der Gnade zu hören. Ein wesentliches Element dieses dynamischen Prozesses ist die Zeit für die geistliche Lesung. Benedikt sah für seine Mönche täglich etwa drei Stunden persönlicher *lectio* vor. Für ihn ist die Lesung eine Quelle geistlicher Kraft. Sie bringt uns mit der Gnade in Berührung und gibt so dem Alltag ein gewisses Maß an Zweckfreiheit.

Was Benedikt meint, ist zweifellos ein existentielles, auf das Leben bezogenes Lesen, nicht ein gedankenloses Blättern in einem Buch, das uns zufällig in die Hände fällt. Er betont das, wenn er der Auswahl der Fastenlesung eine gewisse Feierlichkeit gibt und den Mönchen einschärft, sie sollten die einmal ausgewählten Bücher ganz, vom Anfang bis zum Ende, lesen: *Per ordinem ex integro*. Diese Forderung entspricht einem Prinzip, das der Regel Benedikts auch sonst wichtig ist. Nimm dir soviel Zeit wie nötig zur Entscheidung, aber wenn du dich einmal entschieden hast, dann bleibe dabei.

Ich möchte hier von der Wichtigkeit sprechen, ein Buch als ganzes zu lesen. Es ist eines der unterscheidenden Merkmale der monastischen *lectio divina*, bei dem zu verweilen, was man liest. Das ist eine Frage des Respekts vor der literarischen Einheit eines Werks. Das heißt nicht, dass wir die Bibel vom Anfang bis zum Ende lesen und vierzig Jahre durch die Wüste des Buches Leviticus wandern müssten. Es geht darum, dass wir die einzelnen biblischen Bücher *ganz* und nicht nur ausschnittweise lesen. Das gilt auch für andere Werke. Was das *konkret* heißt, hängt von der literarischen Art des betreffenden Werkes ab.

Ich betone das, weil auswahlweises Lesen leicht zu einem Missverständnis führt. Die meisten Werke haben ihre innere Dynamik. Ihre Verfasser kommen nicht immer gleich zur Sache. So nennt der hl. Paulus nicht schon zu Beginn alles, was ihn besonders bewegt. Vielmehr ermahnt er seine Leser am Anfang, er weckt ihre Aufmerksamkeit und bereitet so den Boden vor. Er spricht von seiner Kompetenz und legt die theologischen Fundamente. Daraus ergibt sich dann auch die Bedeutung des jeweiligen Briefes. Jeder ist ein Ganzes, Einzelnes ist ohne den Blick auf dieses Ganze nicht richtig zu verstehen. Es mag scheinen, dass die abschließenden, praktischen Anweisungen leicht zu erfüllen sind, aber ohne das, was vorausgeht, fehlt ihnen die Überzeugungskraft. Umgekehrt mögen bestimmte theologische Passagen sehr schön sein, wenn wir aber die praktischen Konsequenzen nicht beachten, fehlt ihnen etwas. Wenn Gott durch die Bibel zu uns spricht, müssen wir seine Botschaft als ganze aufnehmen.

Noch etwas: Gott richtet sein Wort zu unserem Heil an uns. Wir vergessen manchmal gern, dass seine Heilsgabe unserer eigenen Wahrnehmung und Erwartung zuwiderläuft. Nur wenn wir bereit sind, uns von ihm führen zu lassen, können wir sein Heil annehmen.

Dem Buch, das wir gerade lesen, vertrauen wir uns aus eigenem Entschluss an. Wir nähern uns ihm ohne Abwehrhaltung, bereit, uns formen zu lassen. Das sagt auch etwas über den Inhalt unserer Lesung, d.h. welche Werke sich für die *lectio divina* eignen. Dazu wird weiter unten mehr zu sagen sein. Im Moment geht es mir um diesen Sinn für Verbindlichkeit. Wir öffnen uns dem Text und nähern uns ihm im Geist des Glaubens und des Gehorsams, mit der Bereitschaft, Gottes Willen und sein Heilshandeln an uns zu erkennen. Ein solches Buch eignet sich für die *lectio divina*. Wir sind wie ein Schüler, der zu seinem Meister kommt und bereit ist anzunehmen, zu lernen und sich zu ändern.

Das bedeutet einmal, dass wir mit dem, was uns begegnet, nicht allzu wählerisch sein sollten. Gott wirkt sein Heil, indem er uns über unsere Bequemlichkeit hinaus auf neues Land und zu neuen Abenteuern führt. Oder wir werden geradezu gezwungen, die von unserer Selbstbezogenheit auferlegten Grenzen hinter uns zu lassen. Wir werden eingeladen, über unsere Vorstellungen von einem guten Leben hinauszugehen und zu akzeptieren, dass Gott seine eigenen Pläne für unsere menschliche Erfüllung hat. Der größte Feind ist die bewusste Weigerung, uns auch nur wenig über die Enge verhärteter Vorurteile und frommer Routine hinaus zu bewegen. *Lectio divina* hilft dabei, uns dem Gnadenhandeln und der Eingebung des Heiligen Geistes zu öffnen.

Dazu gehört, dass wir es aufgeben müssen, diesen Prozess kontrollieren zu wollen. Wir müssen das Risiko eingehen, wirklich zu lesen, was wir vor uns haben, und dem Werk erlauben, zu Herz und Gewissen zu sprechen und unseren Blick in eine Richtung zu lenken, die wir zuvor nicht wahrgenommen haben. Wir können uns nicht selber ein Programm geben. Wenn wir unsere Lektüre allzu genau auswählen wollen, ist das wie das wiederholte Abspielen der gleichen Kassette, ohne je Radio zu hören. Es ist bequemer, immer wieder die gleichen Lieblingsstücke anzuhören, statt uns neuer Musik zu öffnen. Wenn wir die *lectio* auf das beschränken, was wir von früher ohnehin schon kennen, bewegen wir uns in eingefahrenen Spuren und Gottes Wort kann uns nur schwer von subjektiven und vorgefassten Meinungen lösen. Achten Sie einmal darauf, wie oft die Bibel dazu dienen muss, Verfolgung oder Diskriminierung zu rechtfertigen. Für den, der das tut, hat der heilige Text keine Botschaft; er projiziert stattdessen seine eigenen Ideen auf das Wort der Schrift. Wer das öfters tut, glaubt am Ende, dass die Bibel so denkt wie er. Die Bibel ist nur dann heilsam, wenn sie unsere üblichen Meinungen und unser Verhalten in Frage stellt. Sobald wir sie nur unsere eigenen Ansichten bestätigen und bekräftigen lassen, machen wir sie zu einer Art Handpuppe: Sie bietet dann keine Alternative, sondern plappert nur unsere Worte nach.

Wir müssen die radikal andere Sicht der Bibel bewahren. In den ersten Jahrhunderten, als der Begriff *lectio divina* das öffentliche Lesen der Hl. Schrift bezeichnete, war das einfacher. Man wählte seine Lektüre nicht selber aus. Der Inhalt eines Werkes hatte etwas Unvorhergesehenes an sich und ließ Raum für Gottes Überraschungen. Die Praxis der Klöster war es, kontinuierliche *lectio divina* zu halten, d.h. die Schrift fortlaufend zu lesen, Tag für Tag, ohne etwas auszulassen. So kam die Offenbarung in ihrer Ganzheit zu Ehren. Niemand hätte behauptet, die von Gott inspirierten Worte könnten die Hörer nicht erleuchten.

Es muss nicht eigens betont werden, dass es schwierig sein kann, einen Text *als ein Ganzes* ernst zu nehmen. Die zeitgenössische Kultur hilft uns hier nicht weiter. Wir möchten mit dem Lesen schnell fertig werden und schenken uns notwendige Vorbemerkungen. In der Folge verstehen wir ein Buch oft nur annäherungsweise oder oberflächlich. Wir haben die Fähigkeit verloren, uns durch ein komplexes Thema hindurchzuarbeiten und so zu unverrückbaren Schlussfolgerungen zu gelangen. Stattdessen fällen wir schnell ein Urteil und lassen dabei alle Möglichkeiten offen, um uns selber zu schützen. Wir haben den Sinn dafür verloren, dass es geduldiger Übung bedarf, um z.B. die Relativitätstheorie oder die Theologie der Eucharistie zu verstehen. Wir misstrauen allem, was nicht klar und deutlich gesagt werden kann. Von Politikern erwarten wir, dass sie komplexe Vorgänge mit einem Schlagwort oder in 30 Sekunden zusammenfassen. Man schleppt Experten zu Talkshows ins Fernsehen, wo sie ihre Lebensarbeit stupide auf kurze fünf Minuten reduzieren müssen. Wie Kinder, deren Essen man zerkleinern muss, nehmen wir uns lieber mit Häppchen vorlieb, statt komplexe Themen selber zu kauen. Wenn uns die Hl. Schrift wirklich nähren soll und wir uns nicht mit vorgekautem Ersatz zufrieden geben wollen, werden wir uns neue Fähigkeiten aneignen müssen.

Als erstes brauchen wir Geduld. Wir müssen unseren intellektuellen Stoffwechsel verlangsamen und dürfen für unsere Lebensprobleme nicht schnelle und einfache Lösungen suchen. Indem wir den oberflächlichen Enthusiasmus dämpfen, schaffen wir die Umgebung, die es uns ermöglicht, Geistliches intensiver wahrzunehmen. Wir betreten eine Höhle und müssen unseren Augen Zeit geben, sich an das schwache Licht zu gewöhnen. Ebenso müssen wir – von den mannigfaltigen alltäglichen Dingen absorbiert – unsere Suche nach oberflächlichen Reizen aufgeben und auf eine Ebene des Bewusstseins hinuntersteigen, die unserer Aufmerksamkeit gewöhnlich entgeht. Sofort alles an uns reißen zu wollen, ist der beste Weg zum Nicht-Verstehen. Unser Lebenstempo muss langsamer werden und allmählich einen anderen Bereich betreten. Wir werden in einem späteren Kapitel sehen, was das praktisch heißt. Hier geht es darum, dass anhaltendes, nicht auf Einzelheiten fixiertes Lesen oft besser hilft, einen geistlichen Raum zu betreten, als ein kurzer, knapper Text.

In einem gewissen Sinn ist das Medium die Botschaft. Was tun wir bei der *lectio divina?* Wir suchen Gott. Wir möchten Gottes Wort hören und seinen Willen tun, als Suchende. Wir haben das Ziel unserer Wünsche noch nicht erreicht, unsere *lectio* ist grundsätzlich ein Ausdruck unserer Sehnsucht nach Gott. Wir sind uns bewusst, dass Gott uns nicht vollständig nahe ist – oder dass wir ihm nicht zur Gänze nahe sind. Das Spüren von Gottes Abwesenheit macht unsere Suche noch intensiver. Authentisches Lesen hat darum den Charakter der Unzufriedenheit; wir wollen weiter und tiefer gehen. Wir sind Pilger, und unser Suchen mag der Wahrheit mehr entsprechen als das Finden. Für die *lectio divina* ist geduldige Aufnahmebereitschaft besser als das Verlangen nach schneller Erleuchtung.

In einer Zeit der Überstimulierung fällt es vielen schwer zu verstehen, dass Erleuchtung nicht dadurch zustande kommt, dass man den Kitzel erhöht, sondern indem man tiefer in die Stille eintaucht. Es gibt eine Form von Monotonie, die nicht Langeweile ist, sondern den Weg zu einer tieferen Erfahrung ebnet. Wer bei der *lectio divina* auf ein Feuerwerk hofft, wird gewöhnlich enttäuscht werden. Die geistliche Lesung ist nicht eine Form von frommer Unterhaltung. Sie will uns mit der Wahrheit unserer Existenz konfrontieren. Um dahin zu gelangen, muss sie die Schranken beseitigen, die zwischen unserem Bewusstsein und der Wahrheit aufgerichtet sind. Wir müssen auf eine Ebene gelangen, die anders ist als jene, auf der wir uns im Alltag bewegen.[7]

Ein solcher Übergang kommt nicht schnell zustande. Lesung und Gebet spiegeln die Qualität unseres Lebens. Die geistlichen Übungen sind nur die Spitze des Eisbergs. Wir können natürlich Formeln herunterbeten, doch bringt das keine wesentliche Besserung. Was unser Gebet und unsere *lectio* zur Hauptsache ausmacht, ist die Treue zur Gottsuche im Alltag. Eifer bringt nichts, wenn wir nachlässig leben. Umgekehrt werden wir besser auf die Botschaft der Evangelien eingestimmt sein, wenn unser Verhalten dem Evangelium und seinen Prioritäten entspricht. Wenn wir die Evangelien verstehen wollen, müssen wir zuerst versuchen, sie zu leben. Kein Ziel lässt sich so schnell erreichen, wie wir möchten.

Das bisher Gesagte soll zeigen, dass *lectio divina* etwas Nüchternes ist und Zeit braucht. Einem Buch als ganzem seine bleibende Aufmerksamkeit zu schenken, ist wichtiger, als schnelle Schlussfolgerungen aus ausgewählten Texten zu ziehen. Erfahrungsgemäß gibt es keine Garantie für einen unmittelbaren Nutzen, auch nicht für eine schnelle Verbesserung der Lebens-Qualität. *Lectio divina* ist Teil der Hinwendung zu Gott, und diese dauert ein Leben. Resultate gibt es nur langfristig. Wo die *lectio* fehlt, mag das Resultat erst zu sehen sein, wenn es zu spät ist.

Intellektuelle Enge und Verhärtung gefährden die Geduld. Die Botschaft eines Textes können wir nicht aufnehmen, wenn wir uns weigern, auf ihn zu hören. Mehr und mehr haben Menschen Angst davor, auf Wahrheiten und Meinungen zu hören, die ihre Sicht von der Welt in Frage stellen könnten. Die westliche Erziehung bringt es mit sich, dass viele Menschen Bücher, mit denen sie nicht einverstanden sind oder denen sie reserviert gegenüberstehen, nicht sachlich lesen.[8] Viele lehnen Paulus als Frauenfeind ab, aufgrund von Aussagen, die Paulus nach Ansicht von Experten nie gemacht hat. Wenn unsere eigenen Ansichten so schwach sind, dass wir nicht den Mut haben, uns alternativen Ansichten auszusetzen, ist *lectio divina* nichts für uns.

Das Lesen der Schrift ist das Gegenteil von Selbst-Programmierung oder Gehirnwäsche. Es bedeutet, Gott zum Herzen, zum Verstand und zum Gewissen sprechen zu lassen. Zugegeben: Nicht jeder Text berührt uns beim Lesen. Das gibt uns aber kein Recht, nur Werke zu lesen, deren Botschaft wir im Voraus kennen. Der Weg aus einer Sackgasse ist für gewöhnlich eine Überraschung; wäre der Ausweg bekannt und leicht, wäre er keine Sackgasse. Befreiung hat oft damit zu tun, dass wir einen zuvor verschlossenen Schatz öffnen und daraus Gewinn ziehen. Hilfe kommt oft von ganz unwahrscheinlicher Seite. Die Bibel selber erinnert uns daran, in der Geschichte von Bileams Esel (Numeri 22,28-30).

Wenn wir uns einmal zu einem bestimmten Buch hingezogen fühlen, sollten wir bei ihm verweilen. Vielleicht bewegen wir uns wie Marathon-Läufer auf eine Wand zu, die jeden Fortschritt zu hemmen scheint. Dann müssen wir darauf vertrauen, dass die im guten Glauben getroffene Wahl nicht ohne Ergebnis sein wird, und wir sollten weiter bei diesem Buch verweilen. Manchmal sind wir für eine bestimmte Idee schnell empfänglich; in diesem Fall kann das Wartenmüssen zu einer allmählichen Änderung unserer Sichtweise führen. Interessanterweise kann oft gerade die Erfahrung von Blockierung und Ernttäuschung etwas in uns ändern und uns in eine andere Richtung nach einer Lösung schauen lassen.

Abt Poimen, einem der Wüstenväter, wird ein interessantes Wort zugeschrieben. Gefragt, wie man zur Ausrichtung auf ein einziges Ziel gelange, antwortete er:

> *Die Natur des Wassers ist weich, die des Steines hart – aber der Behälter, der über dem Steine hängt, lässt Tropfen um Tropfen fallen und durchlöchert den Stein. So ist auch das Wort Gottes weich, unser Herz aber hart. Wenn nun aber ein Mensch oft das Wort Gottes hört, dann öffnet sich sein Herz für die Gottesfurcht.*[9]

Wasser kann den Stein aushöhlen, aber es braucht als Verbündeten die Zeit. Gottes Wort will unser Leben zweifellos neu ausrichten, das geschieht aber nicht über Nacht. Der Prozess beginnt im Innern und arbeitet sich nach außen; an der Oberfläche wird das Ergebnis lange nicht sichtbar sein. Währenddessen müssen wir akzeptieren, dass dieser verborgene Prozess unerwartete Änderungen mit sich bringt, und uns ihm ergeben, ohne den Mut oder das Ziel aus den Augen zu verlieren.

Wir werden zweifellos auf Texte stoßen, die schwierig sind und mit uns direkt nichts zu tun haben. Wir werden auf solche Schwierigkeiten noch zu sprechen kommen. Tatsächlich ist die Bibel eine über einen Zeitraum von mehr als tausend Jahren entstandene, in verschiedenen Sprachen abgefasste Anthologie, die sich verschiedener Formen bedient und aus verschiedenen Gründen verfasst wurde. Sie ist für uns aus sich heraus dunkel; es braucht viel Arbeit, wenn wir sie verstehen wollen. Die meisten von uns müssen sich zudem mit Übersetzungen begnügen; das steht dem direkten Kontakt zwischen Leser und Verfasser im Weg und kann ein Buch schwierig machen. Wenn wir die Hl. Schrift lesen, müssen wir auf Schwierigkeiten gefasst sein und sollten uns deswegen nicht entmutigen lassen. Die Zeit, die wir für die Bibel aufwenden, lohnt sich und entschädigt bei weitem für die Mühe, die es bereitet, mit ihrer Fremdheit zu Rande zu kommen.

Die alten Mönche können uns Mut machen. Die Texte waren damals von Hand geschrieben, und es war schwierig, herauszufinden, ob sie den Erwartungen entsprachen. Es gab wenige Abschnitte, die es leicht gemacht hätten, sich zurechtzufinden.[10] Die wenigen Kommentare waren nicht immer wissenschaftlich. Gewöhnlich hatte man gleichzeitig nur zu einem einzigen Buch Zugang. Der Mönch, der zum Beispiel die Evangelien las, musste selber herausfin-

24

den, warum der Stammbaum Jesu bei Matthäus und bei Lukas unterschiedlich ist. Der Glaube an die Wahrheit der Offenbarung war eine Einladung, aktiv zu lesen, Fragen zu stellen, nach Lösungen zu suchen – nach der unter der Oberfläche verborgenen Wahrheit.

Sich mit einem einzigen Buch abzugeben, ist nicht nur eine Übung in persönlicher Disziplin; es ist die Voraussetzung für die richtige Einstellung zur *lectio divina*. Wir müssen nicht alle Gründe kennen, warum das wichtig ist. Die Praxis erweist, dass die Tradition sinnvoll ist. In der Zwischenzeit lohnt es sich vielleicht, einen Versuch zu machen – wenn wir es nicht gewohnt sind –, um zu sehen, ob unsere *lectio* nicht reicher wird. Wir sollten auf jeden Fall nicht übersehen, dass sich die monastische Praxis für das fortlaufende Lesen *eines* Buches stark machte, eben für die *lectio continua*.

Ich nenne im Folgenden noch andere Weisen, die Bibel zu lesen. Sie kommen aber nach meiner Meinung nicht an das Ideal der *lectio divina* heran. Mir scheint, ihnen fehlt das Wesentliche, die Offenheit für das Unerwartete, die in der traditionellen Praxis sehr wichtig ist. Das ist besser als gar nichts und kann für Anfänger mitunter hilfreich sein. Aber für jene, die mehr wollen, ist es wohl besser, über die eigenen Prioritäten nachzudenken.

Die Bibel als Medizinschrank. Am Schluss der in vielen Hotelzimmern und an andern Orten aufliegenden Gideon-Bibel steht eine Liste von Problemen mit je einem Bibeltext als Lösung. Sind Sie traurig? Dann lesen Sie den und den Text. Fühlen Sie sich einsam? Lesen Sie jenes. Wer die Bibel als Medizinschrank versteht, versteht Gottes Wort wohl nur als Mittel. Wir sollen unsere Lage diagnostizieren und lesen dann einen Text, der Erleichterung schenken kann und zum Handeln bewegt. Aber wir sind versucht, bei der Lagebestimmung stehen zu bleiben.

Manchmal hat Heil mehr damit zu tun, dass wir unsere Selbstbeurteilung ändern, statt sie bestätigen zu lassen. Als Schlüssel dient oft, dass wir unserer Sicht ein neues, bis dahin ungekanntes Element hinzufügen, einen Bezug herstellen, den wir zuvor übersehen hatten. Nur vertraute Texte zu lesen, hilft uns hier nicht weiter, vor allem, wenn wir in ihnen lediglich Trost suchen. Es kommt zu keiner radikalen Änderung unseres Horizontes.

Die Bibel an einem zufälligen Ort aufschlagen. In manchen Kreisen ist es üblich, die Bibel an einer zufälligen Stelle zu öffnen und den erstbesten Text zu lesen, der einem unter die Augen kommt. Die „Verantwortung" für das Gelesene wird in diesem Falle auf Gott übertragen. Zu den bemerkenswerten Beispielen dieser Praxis gehört Augustinus; er spricht davon in seiner Bekehrungsgeschichte. Zugegeben, in außerordentlichen Momenten kann es schwerwiegende Gründe geben, die Vorsehung auf diese Weise herauszufordern. In vielen Fällen ist damit aber mehr als nur ein wenig Aberglauben verbunden. Man gibt sich auch keine Mühe, das Gelesene im Zusammenhang zu lesen; den Zusammenhang schafft in diesem Fall nur die persönliche Lage des Lesers. Man ist damit auch weit davon entfernt zu akzeptieren, dass der Text einen objektiven Sinn hat.

Abgrasen. Weiter verbreitet ist das ziellose Herumwandern in der Bibel; man liest ein bisschen hier, überspringt anderes und lässt gern weg, was einem unvertraut oder dunkel erscheint. Solch undiszipliniertes „Abgrasen" kann das geistliche Leben manchmal nähren. In vielen Fällen führt es aber dazu, dass die Bibel langweilig wird und wir sie weglegen. Mir ist schon aufgefallen, dass derjenige, der die Bibel regelmäßig, aber auf diese willkürliche Weise liest, weniger als zehn Prozent der Bibel kennt. Man kennt einige Passagen und kommt oft auf diese zurück, aber auch sie verlieren mit der Zeit ihre Anziehungskraft. Wo Interesse und Einsatz fehlen, haben die Mühe und Intensität, die für eine wirkliche *lectio divina* nötig sind, keinen Platz. Diese Praxis hat kein langes Leben, es sei denn, Schuldgefühle oder äußere Gründe halten sie aufrecht.

Liturgische Lesung. Viele lesen die Bibel, indem sie regelmäßig die liturgischen Tagestexte meditieren. Diese ausgezeichnete Praxis fördert oft die Mitfeier im Gottesdienst und gibt jedem Tag etwas von einer persönlichen Begegnung mit dem Wort Gottes. Sie nimmt der Auswahl der Texte das Subjektive und folgt den Spuren der Liturgie. So weit, so gut. Wenn diese Gewohnheit mit der fortlaufenden Lesung der Schrift einhergeht, kann es Überraschungen geben; es werden sich Übereinstimmungen ergeben, denn die eine Botschaft wird oft über verschiedene Kanäle vermittelt. So befruchten sich die private Lesung und das Interesse an liturgischen Texten gegenseitig.

Das ausschließliche Lesen von Messtexten hat aber auch Grenzen: Man beschränkt sich auf die in der Liturgie gelesenen Abschnitte; manche dieser Texte verlieren vieles von ihrer Frische, wenn sie immer wieder gelesen werden. Das Problem verschärft sich noch, wenn die Texte bearbeitet sind oder ihre Übersetzung flach und wenig ansprechend ist.

Durch das ausschließliche Lesen vorgegebener Abschnitte wird der Rhythmus der *lectio* zudem ganz vom liturgischen

Zyklus diktiert. Dabei ergibt sich schwerlich eine Antwort auf das, was einen persönlich anzieht. Die eigene Situation macht es manchmal nötig, einen längeren Weg zu gehen, um Nahrung zu finden; zu anderen Zeiten kann uns ein einzelner Satz tagelang beschäftigen. Um zur ganzen Fülle der *lectio* zu gelangen, müssen wir lernen, uns von dem leiten zu lassen, was uns anzieht, und solange bei einem Text zu verweilen, als dieser uns fasziniert. Man könnte dagegen einwenden, es sei besser, einfach dem liturgischen Zyklus zu folgen. Das lässt sich nicht ganz leugnen. Es war aber nicht die traditionelle Praxis der *lectio divina*; ihr ging es darum, sich mit Werken in ihrer Gänze auseinanderzusetzen und sie über einen längeren Zeitraum hin und ganz zu lesen.

Text-Serien. Wer Einzelexerzitien macht, bekommt oft eine Serie mit Texten aus der Schrift. Diese folgen mitunter einem festgelegten Schema, zu anderen Zeiten werden sie von Sitzung zu Sitzung ausgewählt und fortlaufend auf das abgestimmt, was sich aus der Exerzitien-Arbeit ergibt.

Diese Praxis hat für mich mit Manipulation zu tun. Man lässt die Bibel das sagen, was nach Meinung des Exerzitienleiters gesagt werden muss, ohne Bezug auf die Aussage des Textes. Ich bin mir bewusst, dass diese Art von Lesung auch zu guten Resultaten führen kann. Aber nach meiner Meinung ergeben sich daraus für jene, die an die Einheit der Offenbarung glauben, gewisse Fragen. Gott kann ohne Zweifel auf krummen Linien gerade schreiben; warum sollten wir aber nicht gleich von Anfang gerade Linien ziehen? Das gilt vor allem für jene, die sich nie mit der Bibel als ganzer befasst haben; wer mit der *ganzen* Schrift vertraut ist, ist weniger gefährdet. Es kann hilfreich sein, auf dem eigenen Weg an bestimmte Texte erinnert zu werden. Diese müssen aber im Gesamtzusammenhang der Offenbarung stehen. Ein einzelner Text muss andere Texte um sich haben, als Ergänzung und zur näheren Bestimmung. Ohne diesen breiteren Bezug besteht beim Exerzitienleiter und beim Exerzitanden die Gefahr des Subjektivismus. Gottes Wort verdient es, so gehört zu werden, wie es sich selber versteht, in seiner Gänze, und nicht nur als Mittel zur Diagnose oder im Blick auf ein vorgefasstes Ziel.

Jede persönliche Begegnung mit dem Wort Gottes in der Schrift hat die Kraft, unser Leben zum Besseren zu ändern. Wenn wir die Lesung aber zu einer guten Gewohnheit machen wollen, sollten wir diesen Prozess möglichst wenig beeinflussen: Wir lassen Gott zu uns sprechen und ihn im Herzen wirken, statt uns selber die Medizin einzuflößen, von der wir glauben, sie werde uns helfen.

Wenn wir Benedikts Empfehlung folgen und biblische Bücher als ganze lesen wollen, müssen wir bereit sein, uns einem Buch für längere Zeit auszusetzen. Nehmen wir uns zum Beispiel den Propheten Jeremia oder das Johannes-Evangelium für die *lectio divina* vor, wird das etwa drei bis sechs Monate beanspruchen. Die Wahl des Textes für die *lectio* ist eine Art Abenteuer, vergleichbar der Wahl eines Gefährten für eine längere Reise. Ich werde während der kommenden Monate viel Zeit in seiner Gesellschaft verbringen; meine Reise-Erfahrungen werden von der Wahl des Gefährten beeinflusst sein. Genau so ist es, wenn ich sechs Monate in der Gesellschaft des Propheten Jeremia verbringe; das schenkt mir eine neue Sicht auf mein Leben, vielleicht auch ein neues Bild vom Handeln Gottes. Es geht nicht so sehr um eine plötzliche Erleuchtung, sondern um einen Prozess, der mich unter dem Einfluss meines Reise-Gefährten die Dinge allmählich in einem neuen Licht sehen lässt. Eine Kunst-Galerie zusammen mit einem begeisterten Kenner zu besuchen, ist eine viel tiefere Erfahrung. Ebenso weckt uns das Leben mit Jeremia oder einer anderen geistlichen Gestalt auf und lässt uns die geistliche Welt erkennen, die in allem, was uns umgibt, verborgen ist. Das ändert unser Leben, und wir beginnen, Dinge zu sehen, die wir zuvor nicht sahen; es ändert unsere Beurteilung von Situationen und zeigt uns neue Antworten.

Zu diesem interpersonalen Aspekt der *lectio divina* gibt es viel zu sagen. Gewiss geht es darum, mit dem Wort Gottes in Kontakt zu treten. Das geschieht aber durch die Vermittlung von Menschen. Gott spricht nicht direkt, er inspiriert vielmehr die Weisen, Propheten und Apostel; sie bringen ihre Botschaft auf unvollkommene Weise zur Sprache. Der Inhalt der Kommunikation kann von ihrem Träger nicht getrennt werden. Die inspirierten Verfasser sind nicht stumme Boten. Wie die Zeit, die wir mit einer wichtigen Persönlichkeit verbringen, vielleicht wichtiger ist als das, was sie uns sagt, so gibt es in den biblischen Büchern nicht nur den unmittelbaren Inhalt. Dahinter gibt es eine „Meta-Botschaft".[11] Dass Gott überhaupt zu uns spricht, zeigt, dass wir uns im Bereich der Erlösung befinden.

Zur *lectio divina* gehört die Bereitschaft, uns von einem bewährten Führer zu Gott geleiten zu lassen. Dem Verfasser und Mentor gegenüber braucht es Offenheit und Vertrauen. Die Freundschaft, die sich daraus entwickelt, bringt uns sehr viel. Damit aber eine solche Beziehung zustande kommt, ist ein längerer Kontakt notwendig. Wilhelm von St. Thierry, Zisterzienser im 12. Jahrhundert, spricht davon:

Die Schrift muss im gleichen Geist gelesen und verstanden werden, in dem sie verfasst wurde. Du

kannst Paulus nie verstehen, wenn du nicht beim Le-
sen durch die gute Meinung und bei der Meditation
durch Sorgfalt und Eifer von seinem Geist trinkst. Du
wirst David nie verstehen, wenn du dir nicht durch die
eigene Erfahrung die Gefühle zu eigen machst, die in
den Psalmen in Worte gefasst sind. So ist es auch mit
den anderen Büchern. Was die Schrift betrifft, so un-
terscheidet sich sorgfältiges Lesen so sehr vom ober-
flächlichen Verständnis wie die Freundschaft vom
Kennen eines Fremden oder wie die Zuneigung zu ei-
nem Gefährten von einem zufälligen Gruß.[12]

Wenn wir mit dem Verfasser unseres Textes Freundschaft schließen wollen, müssen wir ernsthaft versuchen, auf das zu hören, was er sagt; und das ist etwas anderes, als was wir erwarten. Freundschaft gibt es nicht ohne Hören. Wir müssen akzeptieren, dass sich der Andere von uns und unseren Projektionen und Erwartungen unterscheidet. Nur so kann der Freund für uns zu einer lebendigen Quelle werden. So wächst mit der Zeit unsere Hochschätzung für den andern, und in diesem Prozess ändern wir uns selber.

Wenn wir uns entschließen, mehrere Monate mit einem bestimmten Buch der Bibel zu verbringen, ist es nur klug, das Buch sorgfältig auszuwählen. Die Leute bitten manchmal um eine Bücherliste – als es ob eine einzige richtige Reihenfolge gäbe. In Wirklichkeit ist die Auswahl von Büchern etwas sehr Persönliches, nicht anders als die Auswahl von Freunden.

Mit der Wahl bestimmen wir in einem gewissen Maße auch unsere Zukunft. Niemand kann das an unserer Stelle tun oder es uns abnehmen. Wenn wir das betreffende Buch ganz gelesen haben und uns dem Ende nähern, sollten wir darüber nachdenken, was uns angezogen hat. Wir können auch Personen, zu denen wir eine gute Beziehung haben, um Rat bitten. Es ist nur gut, im Blick auf unsere Entscheidung realistisch zu sein und uns über die momentane Situation Rechenschaft zu geben, über das Maß unserer Kräfte, über das, was wir in Zukunft möglicherweise brauchen. Manchmal ist Abwechslung gut: Vom Alten zum Neuen Testament, von Johannes zu Paulus, von einem kleinen zu einem großen Buch. Wir sollten uns nach Möglichkeit vor festgefahrenen Spuren hüten, gleichzeitig aber auch sicherstellen, dass wir uns dem gewählten Buch tatsächlich widmen können. Es wäre bestimmt auch hilfreich, den Boden für die *lectio* vorzubereiten, indem wir zum betreffenden Thema im Voraus etwas lesen. Weiter unten gebe ich ausführlicher praktische Vorschläge.

So fordert uns die monastische Überlieferung heraus, uns einem *einzelnen* Buch über längere Zeit hinweg zu widmen. Das ist nicht so einfach, wie es scheint. Darum muss noch Einiges ergänzt werden.

Treue

Heute ist das Wort *lectio divina* bekannter als noch vor dreißig Jahren. Ich frage mich aber, ob in dieser Zeit auch die Praxis besser geworden ist. Sogar unter Mönchen und Nonnen lässt diese manchmal zu wünschen übrig. Ich weiß selber auch, wie schwierig es ist, der regelmäßigen *lectio* treu zu bleiben.

Dabei hilft es, wenn wir uns klar werden, was sie so schwierig macht. Es geht mir hierbei nicht um Vorwürfe, sondern darum zu verstehen, was uns davon abhält, regelmäßig eine *lectio divina* zu halten, die diesen Namen tatsächlich verdient. Indem wir die Gründe für die gegenwärtigen Schwierigkeiten feststellen, können wir vielleicht Strategien für eine bessere Zukunft ausarbeiten.

Äußere Faktoren: Lärm, Wetter, ständige, unvorgesehene Unterbrechungen, das Fehlen von Büchern (das ist eher der Fall in den Jungen Kirchen, die nicht eine der Weltsprachen beherrschen), mangelnde Stille, Alter, schlechte Gesundheit, Leseschwäche oder eine gewisse Ängstlichkeit. Das sind äußere Hindernisse, die nicht vom Willen abhängig sind. Mit etwas Phantasie kann da manchmal etwas geändert werden. Wer aber in einer solchen Situation steckt, kann sich der *lectio* meistens nur schwer so widmen, wie er das gerne möchte. In solchen Fällen muss man sich ganz einfach der göttlichen Vorsehung anvertrauen und aus der unerwünschten Situation das Beste machen.

Arbeit, Spiel und andere Aktivitäten. Wir müssen arbeiten, spielen, studieren, mit anderen sprechen, an Sitzungen teilnehmen, essen, schlafen und Humor bewahren. Nichts von all dem lässt sich mit einem ruhigen Überdenken der Schrift vereinbaren. Wenn diese Aktivitäten den größten Teil des Tages ausmachen, bleibt für die private Lesung wenig Zeit. Die *lectio divina* verliert ihren Platz im Tagesplan, unbemerkt und ohne böse Absicht. In diesem Fall müssen wir neue Prioritäten setzen. Vielleicht haben wir die Möglichkeit, erfolgversprechende Schritte zu unternehmen und unsere Lage zu verbessern. Es wird dazu noch mehr zu sagen geben.

Gute Gewohnheiten verschwinden in Zeiten der Veränderungen. Die vergangenen fünfundzwanzig Jahre haben besonders für die Ordensleute beachtliche Änderungen der grundlegenden Werte und der Lebensform mit sich gebracht. Als Folge haben jene, die jetzt in der Lebensmitte stehen, bei Gebet und *lectio* nicht immer nicht die guten Gewohnheiten entwickelt, die man von Leuten ihres Alters erwarten würde. Das soll nicht als Anklage wegen Untreue oder Nachlässigkeit verstanden werden. Sie sind keine Bösewichte; sie sind die Opfer von Jahrzehnten der Unruhe, weil sie auf das Verlangen nach notwendigen und wünschenswerten Veränderungen nicht vorbereitet waren. Wen die Vorsehung in diese Lage gebracht hat, spürt die Verpflichtung, in der Lebensmitte nach den soliden Fundamenten zu suchen, die eigentlich schon viele Jahre zuvor hätten gelegt werden müssen.

Zu vielen Worten ausgesetzt. Manchmal haben wir das Gefühl, die Kirche werde von Wörtern überschwemmt. In unserer Gesellschaft wird viel geredet und viel gedruckt. Auch die Liturgie droht in Geschwätzigkeit zu ersticken. Die Lautstärke scheint wichtiger zu sein als der Inhalt einer Mitteilung. Es gilt als elitär, das Niveau eines Kindergartes zu übersteigen. Viele sind jedoch auf der Suche nach einem erwachseneren Glauben und finden ihn im Rückzug in die Stille; sie ziehen eine ruhige, gegenstandlose Meditation der Unehrlichkeit, Banalität und der ideologischen Korrektheit vor, welche die einfachste Botschaft zu überwuchern drohen. Wollen wir dieser Anfechtung begegnen, müssen wir zuerst ihre Berechtigung zugeben. Wenn wir das Problem beheben wollen, müssen wir uns bewusst sein, dass die authentische *lectio* etwas anderes ist, als sich noch mehr Worten auszusetzen; sie hilft vielmehr, vom Äußeren zum Herzen der Wirklichkeit vorzudringen. Wir müssen das einzigartige Wort Gottes suchen, dieses liegt aber unterhalb und jenseits der vielen menschlichen Worte.

Fehlende Übung. In den letzten Jahrhunderten hat die Kirche für die Katechese beachtliche Energie und Mittel aufgewendet. Es war ihr sehr wichtig, die Grundlagen des christlichen Glaubens vollständig und genau zu sichern und darzulegen. Es macht aber den Eindruck, dass für jene, die über dieses elementare Stufe hinaus gehen wollten, wenig getan wurde. Die alte Kirche ergänzte die katechetische Unterweisung durch die Mystagogie (griechisch: *mystagogia* – Führung zum Geheimnis). Die heutige Katechese trägt Früchte, so dass viele Menschen, die sich von Gott dazu angezogen fühlen, auf dem geistlichen Weg weiterschreiten möchten. Leider gibt es aber nur Weniges, das diesem Bedürfnis entgegenkommt. Viele, die katholische Schulen durchlaufen haben, sind sich des starken mystischen Zuges der christlichen Tradition nicht bewusst. Wenn sie sich dann später für Spiritualität interessieren, suchen sie oft außerhalb der Kirche nach Anleitung.

Es kann schwerfallen, die *lectio* ein Leben lang zu praktizieren. Es fehlt uns oft ganz einfach die Übung. Nach anfänglicher Begeisterung kommen wir an Grenzen, weil uns niemand einen weiterführenden Weg zeigt. Das vorliegende Buch möchte hier helfen. Menschen, die sich aufgrund ihrer Ausbildung mit elektronischen Medien leicht tun, sich aber bei Büchern gehemmt fühlen, müssen sich auf einen Lernprozess einlassen, der es ihnen möglich macht, Bücher zu lesen und mit ihnen vertraut zu werden. Wem das Lesen schwerfällt, kann sich zwar mit Aufnahmen behelfen. Persönlich kenne ich jedoch keinen Fall, in dem elektronische Medien halfen, den Rhythmus der *lectio divina* zu erneuern. Für die Zukunft möchte ich das jedoch nicht ausschließen.

Langeweile. Beim Lesen der Hl. Schrift kann der Mangel an Übung oft zu Unzufriedenheit mit dem Erreichten führen. Das ist dann der Fall, wenn jemand Muße hat und vom Lesen der Bibel profitieren möchte, über die ersten Schritte aber nicht hinauskommt. In andern Fällen besteht die „Langeweile" in der Ungeduld: man möchte die *lectio* schnell beenden und zu etwas zurückkehren, das mehr Anregung und Bereicherung bietet. So weist die Erfahrung von Langeweile darauf hin, dass der betreffende Mensch unbewusst anderswo sein und etwas anderes tun möchte.

Nachlässigkeit. Eine andere Schwierigkeit bei der *lectio* hat ihren Grund in der Nachlässigkeit; sie führt dazu, die Lesung zu verkürzen oder ganz aufzugeben. Nach Benedikt kennt die *lectio divina* besonders drei Feinde, die zur Nachlässigkeit führen: Faulheit, Verdrossenheit und Träumerei.[13]

Faulheit heißt, sich nicht die Mühe nehmen, etwas zu tun, was man verstandesmäßig für richtig hält. Die Gründe für eine solche Weigerung sind mannigfach; einige sind uns bewusst, andere sind im Verborgenen am Werk. Letztlich geht es aber immer um das Gleiche: Wir führen mögliche und in eine bessere Zukunft führende Schritte einfach nicht aus. *Acedia*: Es fehlt am Einsatz für das geistliche Leben. Der Mensch ist unfähig, ausdauernd und über einen längeren Zeitraum hinweg sich für etwas einzusetzen. Es wurde schon gesagt, *Acedia* sei der vorherrschende Fehler der westlichen Gesellschaft – als Beispiel kann man die Fernbedienung für den Fernseher nehmen. Wir alle kennen Leute, die nicht bei einem bestimmten Programm verweilen können. Wer von dieser Krankheit befallen ist, kann nicht in Ruhe ein Buch lesen oder bei *einem* Buch verweilen; man geht ständig von einem zu einem anderen und statt Gott zu finden, sieht man sich der eigenen Unruhe gegenüber. Träumerei: Sie besteht in einem Lesen,

36

das als Ausrede dient, in Unterhaltung, Tagträumerei oder in sinnlosem Geschwätz – und frisst die Zeit. Sie steht der Chance, ein Stück unserer freien Zeit in der Offenheit für Gottes Wort zu verbringen, im Weg. Wir brauchen manchmal Zeit, um dem Druck des Lebens zu entkommen. Aber viele von uns wären überrascht, wie viel Zeit wir täglich mit bedeutungslosen Dingen vertun. Ich behaupte nicht, dass wir ohne zweckfreies Tun leben können. Wir müssen uns für das Gebet und die *lectio* aber Zeit nehmen; oft finden wir sie, indem wir Anderes zurückstellen. Mit der Träumerei ist ein weiteres Problem verbunden: Sie führt von der Wahrheit weg und nimmt uns die Fähigkeit, Bleibendes von bloß Vergänglichem zu unterscheiden. Unverhältnismäßig viel Zeit mit Computer-Spielen, billigen Romanen[14] oder am Fernseher[15] zu verbringen, kann durchaus zu einer Minderung der Verstandeskräfte führen.

Oft lassen solche Aktivitäten offensichtlich auch etwas in uns zurück, das die Konzentration, die es für ernsthaftes Gebet und *lectio* braucht, beeinträchtigt. Die Abhängigkeit vom unwirklichen Leben untergräbt nicht nur die Aufmerksamkeit beim Lesen, sie lässt uns auch langsam beginnen, schnell aufhören und macht uns unwillig, uns von dem, was der Meditation dient, tragen zu lassen. Die mentalen Wanderungen sind in diesem Fall bequemer und weniger herausfordernd als die Wahrheit.

Pflicht. Wir kennen Momente, da wir die Religion dazu verwenden, uns Gott vom Leibe zu halten. Wer sich der Hl. Schrift verpflichtet weiß, kann eine Weise des Lesens entwickeln, die den Sinn dieser Übung zunichte macht. Wir können die Schrift jeden Tag aufmerksam lesen und über sie nachdenken, ohne dass das Wort Gottes unser Gewissen reinigen würde und ohne dass wir mit dem praktischen Alltag in Kontakt kommen. Wir verrichten unsere geistlichen Übungen äußerst genau, sind aber Minimalisten, wenn es darum geht, über ein oberflächliches Leben hinauszugehen. So ehren wir Gott mit den Lippen, und das Herz ist weit weg. Wir brauchen unsern Verstand, doch das Gewissen wird davon nicht berührt. Aus Pflicht lesen wir die Bibel und verweilen bei ihr, aber die Wahrscheinlichkeit, dass das Lesen je zu einer Erneuerung unseres Lebens führt, ist gering.

Das sind die Schwierigkeiten, die uns (wie mir meine Erfahrung sagt) beim Bemühen, uns ernsthaft der *lectio divina* zu widmen, zu schaffen machen. Es geht nicht darum, jemandem für das im Alltag unausweichlich fehlende Gleichgewicht Schuld zuzuweisen. Aber es gibt Hilfen. Etwas Reorganisation und ein realistischerer Umgang mit der Zeit können manchmal Raum schaffen, wo es keinen zu geben scheint. Das ist auch eine Frage der subjektiven Einstellung. Wir fühlen uns gedrängt, uns dem Wort Gottes mehr auszusetzen, und können darin den Ruf zu größerer Treue erfahren. Vielleicht müssen wir treuer werden, mehr von Glauben erfüllt, um unserer Glaubens-Antwort verstärkt Gewicht zu verleihen.

„Dran bleiben"

In der monastischen Überlieferung findet sich im Zusammenhang mit *lectio divina* oft der Begriff *assiduitas*. Er hat mit Hingabe, Konzentration, Bestimmtheit und Aufmerksamkeit zu tun. Das zugrunde liegende lateinische Wort meint aber eher Beständigkeit, Bleiben, Festigkeit. Auf *lectio divina* angewendet, hat das damit zu tun, dass Beständigkeit und Geduld nicht automatisch gegeben sind. Viele von uns sind intellektuell vom Wert der *lectio* überzeugt, haben gute Erfahrungen gemacht und spüren doch, wie leicht es ist, der Praxis auszuweichen. Wir müssen uns anstrengen, wenn wir der *lectio* ein Leben lang treu bleiben wollen.

Beständigkeit hat vier Aspekte, die uns praktisch helfen können, die Mühe auf uns zu nehmen. Ich komme auf jeden dieser Aspekte zu sprechen.

Sich Zeit nehmen. Sie werden bemerken, dass ich nicht sage „Zeit finden". Für die meisten von uns liegt die Zeit nicht herum, um entdeckt zu werden. Wenn wir in den Tagesablauf etwas Lohnendes einfügen wollen, müssen wir es auf Kosten anderer nützlicher, wünschenswerter oder angeblich notwendiger Aktivitäten tun. Dazu gehört ein Doppeltes. Zuerst muss ich akzeptieren, dass ich für meine Zeit verantwortlich bin, und aufhören, mich bloß als Spielball oder Opfer äußerer Gegebenheiten zu betrachten. Dann muss ich die Mühe auf mich nehmen, gewisse Prioritäten zu setzen. Einige lohnende Beschäftigungen müssen zurückstehen, das lässt sich nicht vermeiden. So sei es. Ich selber setze die Prioritäten; niemand anders.

Lectio divina verlangt einen entschiedenen Einsatz von Zeit. Sie bringt nichts, wenn sie auf wenige hektische Momente beschränkt ist. Damit sie wirklich Frucht bringen kann, braucht es ein gewisses Maß an Erfahrung – besonders am Anfang des Weges. Es ist wie mit der kritischen Masse in der Atomphysik: Ohne eine bestimmte Menge spaltbaren Materials gibt es keine Kettenreaktion. *Lectio divina* soll Verstand und Herz formen. Das kann sie aber nur, wenn wir viel Zeit investieren. Das bedeutet täglich etwa dreißig Minuten, über mehrere Jahre hinweg. Im Normalfall ist das das Minimum. Ich weiß, das ist viel, und es mag in bestimmten Fällen unmöglich erscheinen. Dennoch meine ich, dass wir in diesem Punkt konsequent sein müssen. Das Bemühen um geistlichen Fortschritt im Sinne der *lectio divina* ist unrealistisch, wenn wir nicht genügend Zeit investieren können oder wollen. Es ist wie mit dem Erlernen einer Fremdsprache. Sprechen zu wollen ersetzt nicht das regelmäßige Üben. Gute Ausreden mögen uns von moralischer Schuld freisprechen, aber sie helfen nicht, das gesetzte Ziel zu erreichen.

Mir selber hat es geholfen, zwischen dringenden und wichtigen Arbeiten zu unterscheiden. Es ist gelegentlich einfach notwendig, sich vorwiegend auf Aktivitäten zu konzentrieren, die keinen Aufschub dulden. Wenn wir nur das tun, was gerade ansteht, sind wir oft enttäuscht, dass wir in Bezug auf die wirklich wichtigen Dinge nicht schöpferischer sein können. In einem solchen Fall verdrängt Dringendes und Unwichtiges das Wichtige, aber weniger Drängende. Manche Aktivitäten sind für die Gesundheit lebenswichtig, obwohl es kaum etwas ausmacht, ob wir sie heute oder morgen tun. Sie auf den nächsten Tag aufzuschieben, wird oft zu einem unerfüllbaren Versprechen. Viele Probleme sind deshalb unlösbar, weil wir sie jahrelang vor uns her schieben. Wichtiges bleibt ungetan, weil es nicht dringend ist. Das führt langfristig zum Notfall, bei dem ein rettender Eingriff nicht mehr möglich ist.

Ich betrachte *lectio divina* als ein wichtiges Element der reifen und aktiven Jahre des geistlichen Lebens. Wo sie fehlt, wird die Lebenskraft dieser Jahre gemindert, was schließlich zum Schiffbruch führen kann. Unser Bemühen, im Leben Prioritäten zu setzen, wird wohl leichter, wenn wir zugeben, dass *lectio divina* zu Recht etwas Wichtiges ist, auch wenn wir sie unter Umständen ab und zu unterlassen.

Regelmäßigkeit. Abt John Chapman (1865-1933) vom englischen Kloster Downside hat in einem Brief deutliche Worte über Regelmäßigkeit geschrieben. Was er über das Gebet sagt, gilt gleichermaßen für *lectio divina*:

> *Der einzige Weg zum Gebet ist das Gebet; und der Weg zum guten Gebet ist das häufige Gebet. Wer dafür keine Zeit hat, muss wenigstens regelmäßig beten. Je weniger man betet, umso schlimmer wird es.*[16]

Wenn wir auf eine einigermaßen gute Ernte hoffen, müssen wir unsere Energien gezielt einsetzen. Das macht Kardinal John Henry Newman (1801-1890) in einem langen Abschnitt einer Predigt deutlich:

> *Die Pflicht, Zeiten für das persönliche Gebet festzulegen, hat damit zu tun, dass wir in Gedanken ungläubig werden können, wie ich es beschrieben habe. Wir meinen, es sei bloß eine Formsache oder doch nichts Schwerwiegendes, zu beten oder nicht zu beten; tatsächlich sind wir aber Geschöpfe, bei denen die kleinen Übungen und die Beständigkeit in den wichtigen Haltungen und Übungen eng verbunden sind. Es fällt leicht zu sehen, warum das lästig ist: Es wird Druck auf uns aus ausgeübt und ist unbequem. Diese Pflicht verlangt unsere ständige Aufmerksamkeit; diese Lästigkeit bringt unsere Herzen zum Rebellieren. Wir fangen dann an, nach Gründen zu suchen, um unsere Abneigung zu rechtfertigen. Nichts ist in unserer Religion schwieriger, als diszipliniert und*

regelmäßig zu handeln. Es ist sehr einfach, ab und zu fromm zu sein und unsere Gefühle durch künstliche Anregungen am Leben zu erhalten. Dagegen scheint uns Regelmäßigkeit Mühe zu bereiten und macht uns ungeduldig. Das trifft vor allem auf jene zu, für die die Welt noch immer neu ist und die machen können, was sie wollen. Begegnet ihnen dann die Religion als etwas Wichtiges und verlangt von ihnen Regelmäßigkeit, ertragen sie das nur so lange, als sie es wie Dinge dieser Welt verrichten können, als etwas Ungewöhnliches, Abwechslungsreiches und Erregendes.

Ein späterer Abschnitt der gleichen Predigt zeigt, wie kompromisslos Newman bei diesem Thema eingestellt ist. Die Regelmäßigkeit aufzugeben bedeute, sich auf einen abschüssigen Abhang zu begeben, der schließlich von ernstzunehmender Religion wegführe:

Wenn Sie die Praxis des regelmäßigen Gebetes aufgeben, werden Sie allmählich schwächer, ohne dass Sie es merken. ... Die Menschen geben erst das persönliche Gebet auf, dann vernachlässigen sie die Feier des Herrentages (es ist die gleiche Art von festem Dienst); dann entgleitet ihnen allmählich der Gehorsam gegenüber dem ewigen, festgesetzten Gesetz; sodann erlauben sie sich Dinge, die ihr Gewissen nicht zulässt; sie verlieren die Ausrichtung ihres Gewissens; weil sie von ihm keinen guten Gebrauch machen, weigert es sich allmählich, sie zu führen. Vom wahren inneren Führer verlassen, müssen sie sich einen anderen Führer nehmen, den Verstand, der als solcher von Religion wenig oder nichts versteht. Dieser blinde Verstand bildet für sie ein System von

Richtig oder Falsch, so gut er das kann, er schmei-
chelt ihren eigenen Wünschen, er ist anmaßend,
wenn er nicht schon verdorben ist. ... Das ist der Weg
des Ungehorsams. Er beginnt (offensichtlich) mit
leichten Unterlassungen und endet in offenem Un-
glauben ...[17]

Der hl. Benedikt verlangt im monastischen Alltag feste Zeiten für die *lectio*.[18] Das heißt, solche Zeiten sind im Voraus festgelegt und nicht der Willkür unterworfen; sie sind so vor anderweitigem, gedankenlosem Tun einigermaßen geschützt. Dazu kommt die gute Gewohnheit; d.h. wir geben uns der *lectio* ganz selbstverständlich hin. Sie ist Teil des Tages- oder Wochenrhythmus, wie immer dieser aussieht. Wir müssen uns nicht immer neu entscheiden, vielmehr gleiten wir wie von selbst in die Lesung hinein. Welchen Vorteil das hat, sagt Wilhelm von St. Thierry in seinem schon zitierten *Goldenen Brief*:

Zu bestimmten Zeiten sollte man für ausgewählte
Lesung Raum schaffen. Denn zufälliges und aus-
wahlweises Lesen dessen, was uns gerade unter die
Augen kommt, baut nicht auf. Im Gegenteil: Es ver-
wirrt den Verstand. Und was immer leichten Zugang
zum Verstand findet, geht auch leicht wieder verlo-
ren. Es ist besser, eine gut bemessene Zeit mit be-
stimmten Autoren zu verbringen und unserem Geist
zu ermöglichen, mit ihnen vertraut zu werden.[19]

Einen regelmäßigen Zeitpunkt zu wählen hat noch einen anderen Vorteil: Diese Zeit bekommt einen eigenen Charakter. Sie wird für uns zu einer geheiligten Zeit und das Bemühen, zu dieser Zeit zu beten oder zu lesen, bringt mehr Frucht. Es bilden sich gute Gewohnheiten, wenn wir das Gute wiederholen. Wenn gute Gewohnheiten einmal Wurzeln geschlagen haben, wird das Gute leichter und unser Bemühen bringt uns mehr.

Thomas Merton weist in seinem Buch *Innere Erfahrung* auf einen besonderen Aspekt der Regelmäßigkeit hin: auf den Sonntag.[20] Es habe etwas Schöpferisches an sich, dem Sonntag etwas von seiner Heiligkeit zurückzugeben. Wir tun das, wenn wir uns für die *lectio divina* bewusst Zeit nehmen. Tatsächlich spricht auch der hl. Benedikt davon (Benediktusregel 48,23).

Wiederholung. Im Westen sind wir an eine lineare Logik gewöhnt. Wir beginnen bei Punkt A und gehen auf Punkt B zu. Wir eilen vorwärts, ohne zurückzublicken. Die Kunst der Geistlichen Lesung folgt nicht dieser Logik. Sie beginnt zwar an einem bestimmten Punkt und geht bis zum Ende, der Weg dazwischen aber ist ein Hin und Her. Wiederholung ist die Seele der richtigen *lectio*. Dabei ist die rechte Hirnhälfte am Werk; wir erfassen den Inhalt nicht direkt, sondern wie im Kreise. Lesend schreiten wir voran, gehen zurück und lesen nochmals. Mit jeder Wiederholung kann uns Neues aufgehen. Im Laufe des Lebens lesen wir nicht nur Bücher wiederholt, sondern auch Teile von Kapiteln oder sogar Sätze; das ist die normale Weise, mit einem Text Zeit zu verbringen. Wir rasen nicht wie in einem Schnellboot los; der Fortschritt gleicht mehr einem Minensucher; im Vorwärtsgehen bewegen wir uns mehrere Male über die gleiche Stelle. Dies braucht es, um mit der Eigenart eines Werks vertraut zu werden; je langsamer wir lesen, umso wahrscheinlicher stoßen wir auf Unerwartetes.

Das Lesen eines biblischen Buches ist wie das Anstreichen einer Wand. Es muss alle paar Jahre neu gemacht werden; man wird damit nie für immer fertig. Wir benutzen wohl die Gelegenheit, um die Farbe zu wechseln, damit sie unseren momentanen Wünschen Rechnung trägt, und das Ergebnis schafft einen neuen Lebensraum. Zwei oder drei Schichten Farbe sind nötig, bis die Wand ganz gestrichen ist, und beim Anstreichen bewegen wir uns vor und zurück, dann kommt eine neue Stelle dran. Es braucht die Wiederholung und das Überlappen, damit das Ergebnis gleichmäßig ist. Wenn alles fertig ist, ist nur noch das harmonische Ergebnis sichtbar. Dieses Bild sagt nicht alles über die *lectio divina*, aber es unterstreicht ihren mehr kreisförmigen als linearen Charakter.

Ausdauer. Lectio divina ist ein Langzeit-Projekt, ohne Ausdauer bringt sie uns wenig. Es ist nicht getan mit hektischen, momentanen Ausbrüchen. Das heißt, wir brauchen Hingabe und Einsatz, aber auch praktischen Verstand. So wird daraus etwas Konkretes. Viele von denen, die das Gebet oder die *lectio* aufgeben, geben als Grund etwa an: „Es bringt mir nichts." Mitunter haben wir selber diesen Eindruck, aber wir dürfen nicht aufgeben, wenn es hart wird –, vielleicht können wir Rat suchen, um besser zu verstehen, was da vor sich geht.

Wir müssen uns um Ausdauer bemühen. Das heißt, wir müssen unser Tun von Zeit zu Zeit ansehen. Es lohnt sich zum Beispiel, bei Exerzitien darauf zu achten, wie gut wir unsere Absicht verwirklicht haben; anderen kann es helfen, etwas ins Tagebuch zu schreiben und so sicherzustellen, dass sie sich für die *lectio* Zeit nehmen, oder darauf zu achten, ob sie tatsächlich ihre Prioritäten leben. In anderen Bereichen des Lebens gehen wir professionell vor. Wir könnten manchmal etwas von unserem professionellen Können auch auf den Glauben anwenden. Wir müssen unser Tun natürlich nicht ständig beobachten, aber es ist gut, das gelegentlich zu tun und darauf zu achten, ob nicht gewisse Bereiche unseres Lebens außer Kontrolle geraten.

Ich bin mir bewusst, dass das eben Gesagte hart und autoritär klingt und Schuldgefühle auslösen kann. Das ist nicht meine Absicht. Ich möchte nicht Urteile über Vergangenes fällen, sondern Wege für die Zukunft zeigen. Jedes Bemühen um Besserung lässt das momentane Tun unausweichlich als weniger gut erscheinen. Ich zweifle nicht, dass die meisten von uns ihr Möglichstes tun. Ich will damit sagen, dass der Schlüssel zu einer besseren Zukunft das feste Bemühen ist, uns regelmäßig Zeit zu nehmen. Das ist die traditionelle Weisheit, und ich habe – aufgrund meiner eigenen beschränkten Erfahrung – herausgefunden, wie wahr das ist.

Wenn wir die *lectio divina* nur als Pflicht, Verpflichtung und Kampf verstehen, wird sie auf die Dauer zu einer Last, und wir werden allen möglichen Arten von psychologischem Widerstand begegnen. Wenn wir unseren Unwillen aber besiegen und *lectio* halten, werden wir sie als positives Element unseres Lebens empfinden, als Quelle von Energie, Führung und Lebendigkeit. Das Problem ist, dass es – wie Dietrich Bonhoeffer zu sagen pflegte – keine billige Gnade gibt. Wenn wir die Freude dieser großen Gottesgabe erfahren wollen, müssen wir unsere Hausarbeiten machen. Dafür müssen wir gehörig Zeit und Mühe investieren – beide sind nicht von vornherein festlegbar – und die Bereitschaft zu vertrauen, wenn die Erfahrung anderer sagt, dass sich die Mühe lohnt.

Ehrfurcht

Ein viertes charakteristisches Element der benediktinischen Überlieferung besteht darin, dass der Geist der Ehrfurcht die Lesung prägen muss. Die nüchtern-pragmati-
sche Überlieferung, zu der auch der hl. Benedikt gehört,
schätzte die Ehrfurcht hoch ein.[21] In der westlichen Kultur
und, wie es scheint, auch in der Katechese ist von ihr nicht
oft die Rede.

Was ist Ehrfurcht vor Gott? Es ist die Nüchternheit des
Geistes, die der Erfahrung entspringt, dass Gott anders ist.
Sie lässt in uns den Wunsch entstehen, uns klein zu fühlen,
still zu sein und uns zu unterwerfen. Wir sind von der Größe
der Gegenwart Gottes überwältigt und möchten die Gelegenheit nicht durch unsere Beschränktheit verderben. Was
Ehrfurcht ist, erfuhr Hiob, als Gott ihm seinen Reichtum
zurückgab (Hiob 42,1-6). Wenn Gott nicht da ist, scheinen menschliche Worte und menschliche Logik kraftvoll
und überzeugend zu sein. In der Gegenwart Gottes jedoch
schmilzt diese Ansicht dahin: Hiob erkennt, dass seine Worte töricht waren, und zieht sich in das Schweigen zurück; es
ist inhaltsschwerer als die gewundenen Diskussionen. Ehrfurcht hat mehr mit Ehre zu tun als mit Furcht. Sie bedeutet
Anerkennung einer Gegenwart, die größer ist als wir.

Die Ostkirche kennt die alte Tradition der *apophasis* oder
Negation. Man kann von Gott mit positiven Aussagen
nicht angemessen sprechen, sondern nur, wenn wir alle
menschlichen Begriffe, die Beschränkung bedeuten, von
Gott fernhalten. So kann man sagen, Gott sei zeitlos, unveränderlich, jenseits aller Vorstellung. Man kann nicht sagen, Gott habe eine Farbe, ein Geschlecht oder er wohne

an einem bestimmten Ort – es sei denn auf analoge, übertragene Weise. Wir verraten tiefes Gotteswissen, wenn wir zugeben, dass wir Gott nicht kennen können. Die apophatische Überlieferung lädt uns ein, Gott als den zu sehen, der unser Verstehen übersteigt, und vor dem Geheimnis Gottes demütig zu sein. Die Demut ist der Schlüssel zu den Tiefen der Offenbarung.

Wenn wir uns Gottes Wort aussetzen, gibt uns die Ehrfurcht Beständigkeit und Dauer. Wir anerkennen die Grenzen eines Lebens ohne Gott und wollen Gott so viele Türen wie möglich öffnen, dass er in unser Leben eintreten und Einfluss auf es nehmen kann. Wir sprechen im Folgenden von fünf Weisen, wie der Geist der Ehrfurcht die *lectio divina* formt.

Erstens drängt uns die Ehrfurcht zum Schweigen, das Schweigen ermöglicht das Zuhören. Wenn wir nach Gottes Wort leben wollen, müssen wir zuerst auf das hören, was er sagt. Das schließt für gewöhnlich die Mühe des Zuhörens ein. *Lectio* ist die Zeit, in der wir andere Gedanken und Sorgen beiseitelassen, uns ganz darauf konzentrieren, zu Füssen des Herrn zu sitzen und uns von ihm belehren zu lassen. „Es ist Sache des Lehrers zu sprechen und zu lehren; der Jünger soll schweigen und zuhören."[22]

Zweitens fördert die Ehrfurcht die Sorge um eine ernsthafte Lesung. Das bedeutet ein gewisses Bemühen, Zeit und Ort der *lectio* auszuwählen und ihrem Umfeld Aufmerksamkeit zu schenken. Dazu gehört meiner Meinung nach auch der ehrfürchtige Umgang mit der Bibel. Wir behandeln sie mit einem gewissen Maß an Förmlichkeit; wir schreiben nicht in sie hinein, wir brauchen sie nicht für anderes, sondern betrachten sie als etwas Besonderes.

Vielen hilft ein kleines Ritual, die Qualität der hl. Lesung sicherzustellen: Ein Gebet zu Beginn, die Körperhaltung, Blumen, Kerzen, Ikonen.

Drittens bedeutet Ehrfurcht vor dem Wort Gottes auch Ehrfurcht vor dem Text der Bibel. Das schließt einerseits Bibel-Witze, wie sie manchmal unter Berufs-Christen gemacht werden, aus. Anderseits ist das auch ein Zeichen für das Bemühen, den authentischen Sinn des Textes zu finden, und für die Weigerung, den biblischen Text so zu drehen, dass er andern Zwecken dient. Nicht jedermann hat die notwendigen Kenntnisse, um sich ein sicheres Urteil über den Sinn einer bestimmten Stelle zu bilden. Die Ehrfurcht erfordert, dass wir unser Bestes tun, um das Wort Gottes möglichst wenig Vorurteilen auszusetzen. Wir werden im nächsten Kapitel sehen, dass wir damit nicht allein sind. Die Bibel spricht zu mir nicht als Individuum, sondern als Glied der Kirche. Öfters wird sich der verborgene Sinn nur mit Hilfe eines Bruders oder einer Schwester entdecken lassen.

Unsere Ehrfurcht vor dem Wunder der Offenbarung bewahrt uns davor, auch nur einen Moment der Gnade vorübergehen zu lassen. Wie Maria, die Mutter Jesu, tragen wir Sorge zum Wort und erwägen es in unserem Herzen (Lukas 2,19; 2,51). Der Prozess des Lesens ist nur der Anfang; er will uns zu einem größeren Bewusstsein führen. *Lectio divina* ist unvollständig, wenn wir von ihr nicht etwas zum Nachdenken mitnehmen. Auch davon spricht Wilhelm von St. Thierry:

Jeden Tag solltest du im Magen deines Gedächtnisses etwas von deiner täglichen Lesung zum Verdauen aufbewahren. Du sollst es wiederholt heraufho-

len und öfters bedenken. Wähle etwas, das mit deiner Berufung zu tun hat und deiner persönlichen Ausrichtung entspricht; es soll vom Verstand Besitz ergreifen und diesem nicht erlauben, über Anderes nachzudenken.[23]

Wir schätzen das Gelesene, und so fällt es schwer, die *lectio* zu verlassen. Wir bleiben mit ihr verbunden und nehmen mit, was der Text uns zu sagen hat; wir geben dem Tag eine einigende Kraft und wehren der Verstückelung durch all das, was auch um unsere Aufmerksamkeit buhlt.

Schließlich stärkt uns die Ehrfurcht in der Entschiedenheit, die Gute Nachricht, der wir in der *lectio* begegnen, in die Praxis umzusetzen – nicht nur Hörer, sondern Täter des Wortes zu sein. In vielen Sprachen sind die Begriffe Hören und Gehorsam verwandt. Das erinnert daran, dass wir Gottes Wort nicht ganz verstehen, wenn wir uns im Alltag diesem Wort nicht unterstellen. Der heilige Paulus nennt das „Gehorsam aus dem Glauben" (Römer 1,5; 16,26). Den Geist des Gehorsams brauchen wir nicht nur nach, sondern auch vor und während der *lectio*. Wir müssen bereit sein, uns rufen, herausfordern und bekehren zu lassen. Das bedeutet Verzicht auf ein narzisstisches Kontrollierenwollen. Eben das ist eine der Triebkräfte der lectio: Wir werden zu einem reiferen Glauben und zu einer fruchtbaren, bereichernden Menschlichkeit geführt.

Der Geist der Ehrfurcht ist ein wesentliches Element der *lectio divina*; ohne ihn wird das Lesen der Hl. Schrift zu einer ganz gewöhnlichen frommen Übung. Der heilige Caesarius von Arles (gest. 542) betont das in einem bekannten Text:

Brüder und Schwestern, ich frage euch: Was scheint euch größer, das Wort Gottes oder der Leib Christi? Ihr möchtet richtig antworten und werdet sagen, Gottes Wort sei nicht weniger als der Leib Christi. Wie wir uns Mühe geben, den Leib Christi so zu empfangen, dass keine Brosamen zu Boden fallen, so sollten wir auch darum besorgt sein, dass uns das geschenkte Wort Gottes nicht verloren geht, weil wir anderes denken und von anderen Dingen sprechen. Wer Gottes Wort nachlässig anhört, macht sich genau so schuldig, wie jener, der aus Gleichgültigkeit den Leib Christi zu Boden fallen lässt.[24]

Fehlende Ehrfurcht weist auf ein mangelndes Verstehen und auf einen ungebildeten Verstand, der die wahre Natur der geistlichen Wirklichkeit nicht erfasst. Leider „schürt Vertraulichkeit Verachtung", doch das ist keine Entschuldigung für mangelnden Ernst im Umgang mit den großen Geheimnissen des Glaubens.

Wer die Größe der Gabe Gottes wirklich erfasst, wird vor der ganzen göttlichen Güte Ehrfurcht zeigen. Manche Kulturen kennen eine hoch entwickelte Etikette, wenn es darum geht, ein Geschenk anzunehmen: Die Tatsache, dass man sich an jemand erinnert, die genau festgelegte Form, ein Geschenk zu übergeben, das Geschenkpapier – das alles wird nicht weniger hoch geschätzt als das eigentliche Geschenk. Alles ist Ausdruck von Gefühlen und von Wertschätzung. Ebenso ist es beim Empfang der göttlichen Offenbarung: Es geht nicht darum, nur eine theologische Schlussfolgerung zu ziehen und den Rest wie Spreu wegzuwerfen. Ein Wort hat viele Schichten und Tiefen; diese vermitteln die eine Botschaft unterschiedlich, im Sinne gegenseitiger Ergänzung. *Lectio divina* lehrt uns, das

Wort Gottes mit Eifer willkommen zu heißen, ihm gegenüber Sorge zu tragen und die mannigfaltige, in der Schrift inkarnierte Offenbarung Gottes zu feiern. Das geht nicht ohne Ehrfurcht.

Zerknirschung

Ehrfurcht ist eine konstante Haltung und zeigt sich immer mehr oder weniger gleich. In Bezug auf die *lectio* gibt es noch eine andere Haltung; sie ist wie ein Funke, der durch die gesammelte Aufmerksamkeit gegenüber der Schrift zu einem Feuer wird. Die monastische Tradition kennt für dieses von der Bibel in uns geweckte Gefühl den Begriff „compunctio."[25] Das Wort Gottes weckt in uns ein latentes geistliches Gespür; wir werden uns einer Wirklichkeit bewusst, die bis dahin unter der Schwelle des Verstandes gehalten wurde: Gottes Ruf, unsere Bedürftigkeit nach Gott, unser Wunsch, ein anderes Leben zu leben. Zerknirschung ist im Raum unserer Gefühle am Werk, aber sie ist mehr als nur ein Gefühl. Unsere Gefühle machen uns auf Veränderungen aufmerksam, die sich in der Tiefe unseres Seins, im Bereich des Herzens, abspielen.

Durch die Zerknirschung entdecken wir, was im Innern passiert. Der Text der Schrift wird nach dem heiligen Athanasius „zu einem Spiegel, in dem die Bewegungen der eigenen Seele sichtbar sind."[26] *Lectio divina* will nicht nur etwas von Gott entdecken; sie hilft auch das eigene versteckte Selbst zu finden. Sie ist nicht ein entfremdendes Aufnehmen einer Botschaft, die gegenüber unseren tiefsten Wünsche fremd oder gar feindlich eingestellt ist; sie ist die überraschende Entdeckung, dass unser authentisches

Sein in der Hl. Schrift gespiegelt ist. Das Innerste unserer Existenz wird von Gottes Wort genährt und gestärkt. In der Zerknirschung fühlen wir, dass unser ganzes Sein auf den Trost antwortet und auf die Herausforderung reagiert, in einem Bereich angesprochen zu sein, den wir im Allgemeinen übersehen.

Die Farbe der Zerknirschung verändert sich. Manchmal ist sie hell und freundlich, manchmal scheint sie dunkel und hart. In beiden Fällen ist der Inhalt der Erfahrung weniger wichtig als sie selber. Überhaupt etwas zu spüren ist eine große Erleichterung, wenn unsere Glaubenspraxis längere Zeit von Starre und Leere geprägt war. Wenn man sich in einer Beziehung auseinander gelebt hat, ist alles besser als dauernde Kälte. Wessen religiöse Begeisterung über die Jahre hin erlischt, weil „nie etwas passiert", wird neuen Mut fassen, wenn Gott wieder einmal spricht – auch wenn sein Wort den *status quo* in Frage stellt.

Neuer Eifer für die *lectio divina* ist einer der besten Wege, um der Gefühllosigkeit zu entkommen. Wenn das geistliche Leben seine Dynamik verliert, müssen wir uns nach einer Quelle der Erneuerung umsehen, um unsere Sensibilität wiederzufinden, und müssen uns etwas Neuem aussetzen. Treue zur *lectio* ermöglicht uns, unsere Lebensformel den wechselnden Umständen anzupassen, so dass wir nicht müde und lustlos werden. Wenn die persönliche Disziplin aus irgendeinem Grund eine Zeitlang lockerer geworden ist, können wir die abschüssige Fahrt am besten dadurch wieder in Griff bekommen, dass wir zur regelmäßigen *lectio* übergehen.

Das Resultat hängt nicht nur von der Gnade Gottes ab, sondern auch von unserer Bereitschaft, uns berühren zu lassen. Wir müssen uns in einem Maße verwunden lassen, das zu anderen Zeiten und in anderen Bereichen unmöglich scheint. Wir gehen an die Schrift im Wissen heran, dass unsere Seele vor Hunger vergeht, und bekennen unser Verlangen nach Nahrung. Das ist nicht nur phantasiereiche Rhetorik. Die „Sinn-Leere", die gute Leute erfahren, ist wirklich und schmerzvoll. Sie zeigt ihre Zerbrechlichkeit und die vom Leben zugefügten Wunden auf. Daraus formt sich die Erfahrung der *lectio*. Die Schrift ist nicht nur Nahrung, sie ist auch Medizin.[27] Wenn uns während der Lesung Zerknirschung geschenkt wird, ist das ein Moment großer Intensität: die Gegenwart wird berührt, Vergangenes kann geheilt werden, und wir erhalten Kraft für eine göttlichere Zukunft.

Dieser „fromme" Aspekt sollte nicht missachtet werden. Ein geistliches Leben im Gehorsam gegenüber dem Evangelium zu führen, schränkt die Lebensoptionen beträchtlich ein: Vom Christen wird erwartet, dass er sich einer ganzen Anzahl von Untugenden enthält. Den meisten von uns fällt schon der kleinste Verzicht schwer, es sei denn, wir können ihn kompensieren – oder es besteht wenigstens eine kleine Hoffnung auf irgendeinen Ausgleich. Wenn wir die negativen Elemente der neutestamentlichen Botschaft akzeptieren wollen, müssen wir etwas von ihren positiven Seiten erfahren haben. Es stimmt: Wenn wir einen Schatz im Himmel haben, werden wir weniger schnell von irdischen Rücksichten überrannt (Matthäus 6,21). Es stimmt auch, dass wir die mit der Zugehörigkeit zum Himmelreich verbundenen Opfer kaum bringen, wenn wir diesen Schatz zuvor nicht schon entdeckt haben (Matthäus 13,44; 19,21). Wichtig ist, dass die *lectio divina* nicht nur den Verstand erleuchtet; sie formt auch den Willen – wir brauchen für gewöhnlich mehr

Hilfe, um das zu tun, was wir wissen, als zu wissen, was es ist. Zugegeben, die Hingabe an die heilige Lesung bringt größere Vertrautheit mit der göttlichen Wahrheit, aber wir werden auch gestärkt, um Gottes Willen anzunehmen und nicht nur zu kennen. Es geht mehr um Motivation als um Verpflichtung. Man sagt uns nicht nur, wir sollten „das Böse meiden und das Gute tun" (Psalm 34,14), wir erhalten auch den Ansporn und das Verlangen, es zu tun.

Das hat Konsequenzen für das Umfeld der Lesung. Es geht nicht nur darum, frei von trivialen und unwürdigen Gedanken an den heiligen Text heranzugehen. Wir kommen mit einem Willen, der aufnahmebereit und offen ist. Das ist beim gewöhnlichen Lesen anders. Meistens lesen wir, um uns zu informieren. Die *lectio divina* bewegt sich mehr auf der Ebene der Überzeugung. Wenige Bücher der Bibel wollen bloße Fakten weitergeben. Die Fakten gibt es natürlich auch, aber sie dienen der Motivation. Wenn wir nicht bereit sind, uns von der Lesung treffen zu lassen, wird diese zu einer bloßen Suche nach Wissen. Sie wird nicht die Kraft haben, unser Leben zu ändern.

Haben wir den Mut, uns von der Lesung beeinflussen zu lassen, dann müssen wir überzeugt sein, dass das Resultat zu unserem Besten ist. Gelegentlich habe ich Briefe erst nach längerer Zeit geöffnet, weil ich Angst hatte, dass sie schlechte Nachrichten brachten. Was die *lectio divina* betrifft, brauchen wir keine Angst zu haben: das Evangelium ist eine Gute Nachricht. Auch wenn das Wort Gottes auf den ersten Blick bedrohlich wirkt, will es doch nur unser Bestes und unsere Freude. Wenn unser Leben oft freudlos ist, dann deshalb, weil wir auf die aus dem Glauben kommende Freude und Hoffnung verzichten und uns von den unmittelbaren Problemen überwältigen lassen.

Die Welt der Zerknirschung ist die Welt der Offenheit für Gott. Wir lassen Gott nicht nur durch Ideen auf uns einwirken, sondern auch durch unsere Gefühle. Stellen Sie sich vor, wie künstlich eine Beziehung zwischen zwei Personen wäre, wenn es nur um Ideen ginge: keine Blicke, keine Worte, keine Berührungen. Wie schwierig wäre es in einem solchen Fall, Leidenschaft zu entwickeln. Eine solche Beziehung wäre extrem, abstrakt und damit auch unwirklich – es sei denn, das Unbewusste würde ein ganz anderes Spiel spielen. Es sind die Emotionen, die uns mit einem anderen Menschen verbinden. So gibt es auch zu Gott keine emotionslose Beziehung. Im Gegenteil, unsere Gefühle können auf Gottes Wirken weisen. Unterscheidung und gesunder Menschenverstand sind nötig, aber ich meine, es ist besser, sich in der Diagnose der Gefühle etwas zu irren, statt zu versuchen, ein emotionsloses geistliches Leben zu leben. In Gottes Vorsehung können manchmal auch unsere Irrtümer hilfreich sein.

Der Zusammenhang von *lectio divina* und Zerknirschung im monastischen Leben erinnert daran, dass mit Heiliger Lesung mehr gemeint ist als nur intellektuelle Anregung.

2. Die theologische Grundlage der *lectio*

In der monastischen Überlieferung finden wir eine Fülle von praktischen und methodischen Empfehlungen für die *lectio divina*. Bevor wir solchen Vorschlägen unkritisch folgen, müssen wir wissen, was ihnen zugrunde liegt. Natürlich gibt es kulturelle und philosophische Voraussetzungen, aber wir müssen die Theologie der Schriftlesung, dieses wichtigste theoretische Element untersuchen. Wenn wir Praktiken des mittelalterlichen Mönchtums übernehmen und anpassen wollen, müssen wir sicher sein, dass die zugrundeliegende Theologie stimmt.

Das Mönchtum verstand sich in erster Linie als evangelisches Leben, als ernsthafte Antwort auf das Evangelium. Es war nicht so sehr ein gedankenloser Verzicht auf die Wege der bösen Welt; vielmehr ging es um ein Leben nach der objektiven, von der Hl. Schrift und den Worten erfahrener Älterer weitergegebenen Botschaft Christi. Was Armand Veilleux von den koptischen Mönchen sagt, gilt ganz allgemein: „Für den pachomianischen Mönch war die Heilige Schrift die erste, und in gewissem Maß die einzige monastische Regel. Zugleich war sie auch die eigentliche Quelle für seine Spiritualität."[28] Die Mönche waren fast *per definitionem* Menschen des Buches. Das ist auch der Grund, warum sie so viel auf Mühe darauf verwendeten, den biblischen Text zu sichern, ihn von Fehlern zu reinigen und das Buch und die Lese-Weisen an die kommenden Generationen weiterzugeben.

Es gibt in der monastischen Theologie der Bibel drei wichtige Themen, die uns helfen können. Das erste zeigt die

Rolle der *lectio* als Führerin zum Gebet und letztlich zur Kontemplation. Das zweite legt Wert auf die gemeinschaftliche und kirchliche Dimension der Offenbarung und bietet einen gewissen Schutz gegen die Irrwege des Subjektivismus. Das dritte erinnert daran, dass Gottes Wort in irdenen Gefäßen zu uns kommt, und hilft uns, das Gold vom Gestein zu trennen.

Die Schule Christi

In einem wundervollen Satz sagt Benedikt am Ende des Regel-Prologs, wir seien die Empfänger des *Magisteriums,* der Lehre Christi.[29] Solange wir Eifer haben, sind wir Lernende. Wir lernen in der Schule des Herrendienstes, oder, wie die mittelalterlichen Zisterzienser gern sagten, wir gehören zur Schule Christi. Dieses Bild besagt nicht, wir seien inkompetent – so als ob wir das ganze Leben hindurch unreif bleiben würden. Es bedeutet, dass die Mönche einzeln oder in Gemeinschaft eine einzige Fähigkeit erwerben wollen – Christus zu lernen. Liegt der Berufung des eifrigen Christen, Mann oder Frau, ein anderes Verlangen zugrunde?

Der Kontakt mit Gottes Wort kommt durch die kirchliche Verkündigung, durch das Lesen der Schrift und durch den Rat begnadeter Älterer zustande. Sie wirken zusammen mit den Prozessen, die tief im Inneren ablaufen, und formen unser Gewissen. Unsere Bereitschaft zuzuhören und uns von Gottes Wort formen zu lassen, macht uns zu Gliedern der Schule Christi. Auch wenn sich der Blick des Christen notwendigerweise zuerst auf das vierfache Evangelium richtet, wird die Botschaft Jesu im Kontext des Neuen Testaments und der Bibel als ganzer besser erfasst und hochgeschätzt. Nach traditionellem Verständnis spricht jede Seite der Schrift von Christus, offenbart uns den Rhythmus von Gottes Heilsplan und zeigt uns, wie wir unsere Fähigkeit, für ihn offen zu sein, stärken können. Im Rückblick kann die ganze Bibel, wie Paulus im Galaterbrief sagt, als Führerin zu Christus hin verstanden werden (Galater 3,24). Die Alten lasen und kommentierten das Alte Testament auf diese Weise, im vollen Wissen um das, was im Neuen Testament steht. Der hl. Hieronymus sagt in einem berühmt gewordenen Wort: *„Die Schrift nicht kennen heißt, Christus nicht kennen."* [30]

Das in Jesus Mensch gewordene Wort Gottes sprach zu verschiedenen Zeiten und auf verschiedene Weise im Gesetz, in den Propheten und in den Schriften (vgl. Hebräer 1,1). In der ganzen Bibel offenbart sich der Eine. In gewissem Sinne lässt sich deshalb sagen, dass Christus in den biblischen Schriften auf verschiedene Art zu uns spricht. Wenn wir als Christen auf die Bibel hören wollen, müssen wir auf Christus hören, uns von ihm formen und als Jünger in die Nachfolge rufen lassen. Jünger sein heißt, bereit sein, geformt zu werden. Was immer wir in der Schrift lesen – Christus ist unser Lehrer, bereit, uns zu unterrichten. Das meint das christozentrische Lesen der Bibel in der Tradition. Wir lernen nicht etwas über Christus, wir lernen von Christus.

Wir öffnen die Schrift, um Christus zu finden. Das gilt für beide Testamente. Indem wir die Bibel lesen, bringen wir unser Jüngersein zum Ausdruck; wir kommen als lernbereite Jünger zu unserem Meister, Christus. Von dieser Beziehung lässt sich in vier Phasen sprechen. [31]

Nachfolgen. Zuerst müssen wir tun, was wir hören. Jünger bringen ihre Verbundenheit mit dem Lehrer dadurch zum Ausdruck, dass sie seine Anweisungen befolgen. Das heißt, eigene Urteile und Vorlieben aufgeben und von jemand anderem geführt werden wollen – wenigstens in einem gewissen Maße.

Zuerst gibt der Meister dem Lernenden Unterweisungen. Er gibt sie nach den Bedürfnissen und der Reife des Schülers. Wer wie der Meister schon fortgeschritten ist, kann von diesen Unterweisungen dispensiert werden, aber für den Schüler bleiben sie bindend. In den ersten Phasen der Lehrzeit soll der Schüler ganz einfach gehorchen. An diesem Punkt nimmt der Christ die Evangelien als Lebensprogramm an und versucht die Botschaft Christi im Tun umzusetzen, im Gehorsam dem Gelesenen gegenüber. Christus sagt, „Liebe deine Feinde" und „Sorge dich nicht um das Morgen". Ich versuche, durch meinen aktiven Gehorsam diese Weisungen auszuführen. Mit der Zeit aber tut der Schüler nicht nur, was der Lehrer sagt, sondern auch was er tut. So schreitet er weiter zur zweiten Phase.

Nachahmung. In dieser zweiten Phase ist das Beispiel stärker als das Wort. Manchmal geschieht die Nachahmung unbewusst. Ohne es zu wissen, fängt der Schüler vielleicht an, den Stil oder die Eigenarten seines Lehrers nachzuahmen. Das kann gelegentlich recht unterhaltsam werden und zeigt, dass es zwischen Schüler und Lehrer eine enge Beziehung gibt. Der Christ ist sich bewusst, dass die Nachfolge Christi mehr ist als nur ein bloßes Sich-Anpassen an objektive Weisungen. Es geht darum zu leben, wie Christus lebte, und zu handeln wie er.

Das Neue Testament ermahnt uns öfters dazu. Die Evangelien wurden nicht nur geschrieben, um uns Wissen über das Leben Jesu zu vermitteln, sondern damit sein Leben ein Modell für die Nachfolge sei. Das gilt vor allem im Bereich des Leidens. Jesu Antwort auf Leiden und Verfolgung will uns in unsern eigenen schwierigen Stunden leiten. Das Gebet Jesu in Gethsemani zum Beispiel will uns lehren, wie wir uns verhalten sollen, wenn wir mit der Aussicht auf Schmerz, Einsamkeit, Zurückweisung und Tod konfrontiert sind. Das Beispiel Jesu wird unserem Bewusstsein aufgeprägt, so dass wir die Kraft haben ihm zu folgen, wenn unsere Stunde kommt.

Ähnlichkeit. Das Bemühen, wie Christus zu sein, geht noch weiter. Es ist nicht nur eine Widerholung dessen, was er sagte oder tat; es ist der Versuch, so zu sein wie er. Die Kirchenväter waren allgemein der Meinung, es sei die grundlegende moralische Aufgabe des nach dem Bild Gottes geschaffenen Menschen, wie Gott zu werden. Oder mit einem Wort der Evangelien: Vollkommen zu sein, wie Gott vollkommen ist (Matthäus 5,48). Welche Kräfte wir auch haben, welches immer unsere persönliche Situation sein mag, wir sind gerufen, unsere Grenzen zu überschreiten und mehr wie Christus zu werden. Wir nehmen es auf uns, Christus mehr und mehr im konkreten Leben zu vertreten: für Suchende ein Bild von Christus, für die Bedürftigen ein Diener, für die Einsamen ein Freund, und sogar, wie Paulus sagt, ein Ärgernis für jene, die den Weg des Verderbens gehen.

Teilnahme. Die Identifizierung geht noch über die Ähnlichkeit hinaus. Darauf bezieht sich die bekannte Formulierung im Brief an die Galater 2,20: *„Nicht ich lebe jetzt, sondern Christus lebt in mir."* Gregor von Nyssa (gest. 395) sagt: *„Der* *christliche Glaube ist eine Nachahmung der göttlichen Natur.*"[32] Es ist klar, dass Gregor nicht von moralischen Entscheidungen und Taten spricht. Er bezieht sich auf unsere innere Teilnahme am göttlichen Wesen. Nicht nur, dass wir bewusst als „anderer Christus" sprechen, handeln und uns verhalten, vielmehr wirkt Christus in uns. Was wir in der Folge tun, ist mehr sein Tun als das unsere. Aufgrund dieser geheimnisvollen Verbindung, die mit der Taufe beginnt und ein Leben lang von der Gnade vertieft wird, ist Christus das Subjekt unserer guten Taten, mehr noch als wir selber. Im christlichen Leben geht es nicht darum, besonders gute Taten zu vollbringen. Wir sollen vielmehr auf eine private Ethik verzichten und stattdessen dem Geist Christi die Möglichkeit zu geben, Quelle unseres Tuns zu werden.

Diese vier Phasen lassen uns nun erkennen, dass der Punkt, an dem wir mit Christus verbunden sind, mehr und mehr zu etwas Innerlichem wird. Von einem bloß äußeren Gehorsam schreiten wir weiter zu einer Teilnahme an der Person Christi. Diese Transparenz fordert aber ihren Preis: Wir müssen unsern Egoismus zurücknehmen, bis er ganz verschwindet. Die Mitwirkung Jesu an unserem Tun wird durch unsere egoistische Sorge behindert. Nur wenn wir sie beiseite lassen, kann unser Tun von der Kraft und der Gegenwart des auferstandenen Herrn durchdrungen werden.

Es sei daran erinnert, dass es das Ziel des christlichen Lebens ist, in die Person Jesu Christi einzugehen. „In Christus" sein und leben – nichts weniger. Unser Gebet muss eine Teilnahme am geist-erfüllten Weg Jesu zum Vater sein. Das tägliche Leben ist ein Ruf, auf andere Menschen zuzugehen, in der Kraft der selbstvergessenden Identifizierung mit ihren Hoffnungen und Kämpfen.[33] Im Idealfall ist unserem Leben das Siegel Christi aufgeprägt. Wir haben seinen Geist empfangen. Das bedeutet, dass wir an der Haltung Jesu teilhaben und so gesinnt sein können, wie es dem Leben in Christus entspricht (Philipper 2,5; 1 Korinther 2,16).

Wenn Verstand und Herz nach Christus geformt sind, dann kann unser Tun für andere gnadenbringend sein. Unser Bewusstsein muss aber so geformt werden, dass es mit dem Bewusstsein Christi übereinstimmt. Und genau das ist Aufgabe der *lectio divina*. Sie ist eine Schule, in der wir Christus lernen.[34] In jeder Lehrer-Schüler Beziehung ist der Stoff weniger wichtig als die Beziehung als solche. Die umfassende gegenseitige Nähe vermittelt dem Schüler den Geist und Stil des Älteren. Die *lectio divina* hilft uns, Christus zu begegnen, sie führt uns ein in den Weg Christi. Oder wie auch schon gesagt wurde: Im Christentum ist das Wort Gottes eine Person, nicht ein Buch.

Lectio divina ist ein für die Entfaltung der Kontemplation wesentliches Element. Was ist Kontemplation? Sie ist eine zweifache Änderung des Bewusstseins. Einerseits ein Rückzug aus dem gewöhnlichen Sinnes- und Verstandeswissen, sowie aus den mit ihm zusammenhängenden Sorgen und Plänen. Andererseits und noch genauer: das Wissen um die Wirklichkeit und das Geheimnis Gottes. Hat man sich, Christus nachahmend, entäußert (Philipper 2,7), wird man von der Fülle Gottes erfüllt. „Aus seiner Fülle haben wir alles empfangen, Gnade um Gnade" (Johannes 1,16).[35] Die Haltungen Christi werden zu unseren Haltungen – besonders seine Beziehung zum Vater. Im Leben der Gnade wird Christus zu dem, der unsere Taten vollbringt. In der Kontemplation werden wir das Subjekt des Gebetes Christi. Auf geheimnisvolle Weise durchdringt sich das in der übernatürlichen Existenz.

An diesem Punkt muss unbedingt etwas besonders Charakteristisches erwähnt werden. Das hier Gesagte muss in einem gemeinschaftlichen Kontext betrachtet werden. Ungeachtet der Intensität der Erfahrung ist die mystische Vereinigung mit Gott nicht eine Verengung des Horizonts, als ob außerhalb des eigenen Selbst und Gottes nichts von Wichtigkeit wäre. In jeder authentischen mystischen Erfahrung betreten wir eine umfassendere Welt; an ihrem höchsten Punkt schließt sie alles mit ein. Nur wenn man mit der ganzen Schöpfung eins ist, kann man die Vereinigung (Einheit) mit Gott erfahren. Das meint das Doppelgebot: Liebe Gott, liebe deinen Nächsten. Wenn *lectio* zur Kontemplation führen soll, muss sie mehr und mehr zur Solidarität mit der ganzen Menschheit hinführen.

Ein gemeinsames Erbe

Vom 16. bis in die erste Hälfte des 20. Jahrhunderts hinein bestand die Tendenz, den einzelnen Menschen (das „Individuum") isoliert zu sehen und dem Menschen in Beziehung (der „Person") vorzuziehen.[36] Als Folge gab es eine Anzahl von falschen Gegenüberstellungen in Bezug auf die Beziehung des Menschen zur Kirche:

- Außen gegen Innen.
- Person gegen Gemeinschaft.
- Unterschiede gegen Ähnlichkeiten.
- Freiheit gegen Autorität.
- Spontaneität gegen Struktur.
- Frömmigkeitsübungen gegen Liturgie.

Das Ergebnis war eine sehr auf das Innere bezogene Spiritualität; es wurden vor allem die vertikalen Aspekte (Gott und Ich) betont. Dem entsprach ein Verlust des Gespürs für die gemeinsamen (horizontalen) und leiblichen Werte. Diese Religion war, wie die gegenreformatorischen Katholiken nur zu gut wissen, oft etwas Trockenes, Legalistisches, Institutionelles, mit einer Tendenz zum Rationalismus. Andererseits verkamen die derart ausgegrenzten Gefühle zu Gefühlsseligkeit und wucherten in exzentrischen Formen.[37] In diesem Raum blühten sentimentale Frömmigkeit, Pietismus, Subjektivismus, mit der Tendenz zur privaten Auslegung der Schrift.

Das Gewicht dieser beiden extremen Positionen hat sich in jüngster Zeit geändert. Die Kirche wird weniger als bloße Institution verstanden, ausgenommen von jenen, die sie für ihre eigenen Zwecke derart reduziert sehen wollen. Die gemeinschaftlichen Elemente des christlichen Lebens werden wieder mehr gepflegt. Das war meist eine instinktive Reaktion auf eine Spiritualität, die nicht die gewünschten Früchte trug. Dennoch ist das dabei entstandene Gebilde von Werten oft ebenso wenig ausgeglichen wie das durch sie ersetzte System. So sind wir in Gefahr, wichtige, früher selbstverständliche Werte beiseite zu schieben und gänzlich verschwinden zu lassen. Künftige Forscher werden in der Dialektik der Geschichte vielleicht eine Bewegung auf eine neue Synthese hin entdecken können. In einer Zeit des Übergangs ist das für uns ein kleiner Trost, wenn es nicht im eigenen Leben zu einer harmonischen Verschmelzung der Gegensätze kommt. Wir müssen Spiritualität und Mystik aus der Sphäre des Privaten befreien und sie wieder in einen kirchlichen Zusammenhang stellen.

Lectio divina war ursprünglich die Bezeichnung für die liturgischen Lesungen und hatte so notwendigerweise einen Bezug zur Gemeinschaft. Heute bezeichnen wir mit diesem Begriff vor allem die persönliche Begegnung mit Gottes Wort. Es fällt uns daher nicht leicht, uns ihres wesentlich gemeinschaftlichen und kirchlichen Charakters bewusst zu sein. Deswegen ist es wichtig, dass wir uns an die Theologie erinnern, welche die Praxis der *lectio divina* begründet, an die innere Beziehung von Bibel und Kirche.

Zwischen Kirche und Schrift besteht eine gegenseitige Beziehung. Historisch gesehen hat die Kirche die Schrift verfasst, herausgegeben, erhalten, verbreitet und erklärt. Ohne die Kirche gäbe es keine Bibel: Diese wurde nicht auf einer Silberplatte vom Himmel geliefert, sie ist das Resultat der Arbeit der Kirche. Ebenso gäbe es die Kirche ohne die Bibel nicht. Ohne die Verkündigung des Evangeliums in irgendeiner Form, ob mündlich oder schriftlich, gäbe es keinen alle Glieder der Kirche verbindenden, gemeinsamen Glauben. Die Bibel ist die schriftliche Verfassung der Kirche, ihr Kanon. Die Kirche ist das Medium, außerhalb ihrer kann die Bibel nicht existieren. Insofern es die Bibel gibt, gibt es auch Kirche; wo die Kirche ist, muss es in irgendeiner Form auch die Bibel geben. Oder um ein altes Bild zu gebrauchen: Die Bibel ist ein wesentlicher Teil des Erbes der Kirche, sie ist Teil ihres Patrimoniums, ihrer Erbschaft: Sie ist die Brautgabe der Braut, die Christus ist. Die Kirche kann ohne dieses Geschenk nicht existieren und nicht handeln.

Schrift und Kirche sind Ausdruck der göttlichen Heils-Initiative. Durch sie lernen wir Gottes Heilshandeln kennen. Sie sind aber mehr als nur das. Wir kommen durch sie auch in direkten Kontakt mit der Kraft der Erlösung. Mit anderen Worten: Sie sind „Sakramente" – im weiten

Sinn dieses Wortes. Die Schrift und die Kirche informieren uns nicht nur über Gott; sie vermitteln uns Anteil an dem, was wir lesen. Die Verkündigung des Heils ist interaktiv – wir erhalten die Offenbarung und bekommen so Anteil am Geheimnis, dem Inhalt der Offenbarung. Wir können die Schrift nur im Kontext der Kirche, dem Ur-Sakrament der Gegenwart Gottes in unserer Mitte, richtig lesen.[38] Tatsächlich lässt sich die Kirche als der Raum definieren, in dem Gottes Wort gelesen, angenommen, meditiert und in die Praxis umgesetzt wird. Wir könnten auch sagen, dass die Offenbarung unvollständig ist, wenn sie im Buch bleibt. Gottes Wort will alle retten. Seine Aufgabe ist erst vollendet, wenn Gott am Ende der Zeit „alles in allem" sein wird (1 Korinther 15,28). Erst wenn alle Erwählten das Wort ihren Möglichkeiten entsprechend bekommen, es sich zu eigen machen und in der Liebe und im Feiern zum Ausdruck bringen, ist das Werk der Erlösung vollendet. Das Werk der Offenbarung muss so im Leben der Kirche weitergehen. Bibel und Kirche sind eng miteinander verbunden.

Praktisch bedeutet das, dass *lectio divina* immer Begegnung mit dem Sakrament Kirche ist. Beim Lesen der Schrift erfahren wir die Gemeinschaft der Heiligen und kommen in Berührung mit der Orts- und Weltkirche. Die Bibel als solche ist für die Gemeinschaft am Ort, für die Weltkirche und für die Welt als ganze bestimmt. Die Schrift nur als polemische Waffe – gegen Ungläubige oder, schlimmer, gegen die eigenen Glaubensgefährten – zu gebrauchen, entspricht nicht Gottes Geschenk.

Die Kirche hat die Aufgabe, den Menschen den Zugang zum Wort Gottes zu erleichtern, und zwar nicht bloß im materiellen Sinn. Die Kirche kann nicht einfach nur Druckereien betreiben, damit so alle zu einer Bibel kommen.

Zugang zum Text ist gut, aber wir brauchen oft Milch, bevor wir feste Nahrung zu uns nehmen können (1 Korinther 3,2). Die Kirche vermittelt die Schrift besser, wenn sie diese in die bekannten Sprachen übersetzt, wenn sie uns hilft, die Teile der Schrift in ihrem Zusammenhang zu verstehen, wenn sie einen Rahmen für die Lehre bereitstellt und die Früchte der von der Gnade getragenen Erfahrung von 2000 Jahren mit uns teilt. So werden wir vor irrigen ersten Eindrücken bewahrt (vgl. 2 Petrus 3,16-17) und wachsen im Verstehen der Offenbarung.

Der kirchliche Kontext der *lectio divina* verstärkt ihre Kraft zum Guten. Die Einheit mit der Kirche hilft uns, ganzheitlicher in Kontakt mit dem geoffenbarten Wort zu sein. Christus und seine Kirche können nicht voneinander getrennt werden. Ihre Wahrheit ergänzt sich gegenseitig. Unsere Schriftlesung bringt der Kirche als ganzer etwas. Durch das Maß unserer Offenheit gegenüber Gott kommt die göttliche Offenbarung in die Welt, um sie zu retten. Wir werden zu Empfängern der Gnade, befähigt weiterzugeben, was wir selber bekommen. Wir lesen in Gemeinschaft mit dem ganzen Volk Gottes, und so wird unser Lesen zu einer Quelle der Kraft für die ganze Kirche. Wie sich in der Osternacht das Licht mehr und mehr ausbreitet, so empfangen wir von Christus unser eigenes kleines Licht und geben es weiter. So wird die Dunkelheit schnell zu einem Teppich aus Tausenden von Lichtpunkten. Durch die *lectio divina* kann das Wort Gottes wieder und wieder in unseren Herzen und in unserer Welt geboren werden. Wer weiß, wie viel Gutes daraus entsteht?

Die Kirchenväter sagten, Maria, die Mutter des Herrn, sei die Empfängerin *par excellence* von Gottes Wort gewesen. Sie hieß das Wort in ihrem Innern willkommen, noch bevor es in ihrem Schoß Mensch wurde. In den stillen Monaten, da sie das Wort umsorgte und nährte, wurde sie zum Modell der betrachtenden Kirche. Was sie bei der Verkündigung sagte, könnten wir zu Beginn der *lectio* ebenso sagen: „Siehe, ich bin die Magd des Herrn; mir geschehe, wie du gesagt hast" (Lukas 1,38).

Das „verkürzte" Wort

Wenn wir den wesentlich kirchlichen Charakter der geoffenbarten Schrift schätzen, schützen wir uns auch vor Ausschließlichkeit. Die Bibel gehört der Kirche; wir können als Einzelne nicht beanspruchen, alles zu wissen. Tatsächlich haben relativ wenige Menschen die ganze Bibel gelesen, und nur wenige von ihnen würden wohl behaupten, sie im Einzelnen und als Ganzes zu kennen. Stellen Sie einem Exegeten eine Frage, die nicht zu seinem Fach gehört, so werden Sie wohl nur eine allgemein gehaltene und provisorische Antwort bekommen. Der Gesamtinhalt der Offenbarung kann nicht kurz zusammengefasst werden: Er ist kaum fassbar und zu verschiedenartig. Je länger sich jemand dem Studium der Schrift widmet, desto mehr kommt er zur Überzeugung, dass er nur wenig über den Anfang hinausgekommen ist.[39] Das gilt schon vom Wissen, und es gilt noch viel mehr von der Weisheit. Ich kann nur einen Teil des Ganzen besitzen. Wo sich aber zwei oder drei Glaubende einmütig zusammenfinden, wird das Verständnis der Bibel proportional größer.

Eine Anekdote aus dem Leben der Wüstenväter zeigt, wie notwendig die Demut ist, die aus dem Wissen kommt, dass wir als Einzelne nie die ganze Wahrheit besitzen:

Ein alter Mann fastete siebzig Wochen lang und aß nur einmal pro Woche. Er bat Gott, ihm die Bedeutung eines bestimmten Textes in der Heiligen Schrift zu erklären, aber Gott tat das nicht. Der Mann sagte zu sich: „Sieh doch, die viele Mühe hat mir nichts gebracht. Ich will darum zu meinem Bruder gehen und ihn fragen." Er ging hinaus und schloss hinter sich die Tür. Da sandte der Herr einen Engel, der sagte zu ihm: „Die siebzig Wochen Fasten haben dich Gott nicht näher gebracht. Jetzt, da du demütig geworden bist und zu deinem Bruder gehst, bin ich gesandt, um dir den Text zu erklären." Er eröffnete ihm, wonach er gesucht hatte, dann ging er weg.[40]

Wir haben vielleicht manchmal das Gefühl, ein Bibeltext werde in einer Atmosphäre von Liebe, Gemeinschaft und Dienst lebendig. Umgekehrt kann der Sinn dunkel bleiben, wenn wir uns absondern und nur noch mit uns selber beschäftigen. Gott will nicht, dass „Religion" zu einem Ersatz für Menschlichkeit und Gemeinschaft wird.

Unsere Vertrautheit mit der Bibel darf nie dazu dienen, andere mit Macht zu bekehren, zu zwingen, zu beurteilen oder zu bestrafen. Das Ziel der Bibel ist die Gemeinschaft: unsere Verbundenheit mit Gott und den Mitmenschen. Wir haben die Bibel richtig verstanden, wenn sie zur Liebe führt und die Früchte des Geistes hervorbringt. Ebenso gewiss stammen Entfremdung, fehlende Einheit und die Tendenz zu verurteilen, von uns selber; sie resultieren nicht aus dem Wort Gottes.

Trotz seiner inneren Kraft kommt das Wort Gottes auf sehr zerbrechliche Weise zu uns: Es eignet sich nicht dazu, jemanden zu erschlagen. Die Kirchenväter sprechen vom

„verkürzten Wort", vom *verbum abbreviatum*; dieser Begriff findet sich an verschiedenen Stellen des lateinischen Jesaia-Textes.[41] Das göttliche Wort passt sich sich unseren Möglichkeiten an. Es kam nicht mit überwältigender Macht und Größe zu uns, sondern auf menschliche Weise. Sein Höhepunkt war die Menschwerdung, in der sich die zweite Person der Dreifaltigkeit dem Raum, der Zeit und den anderen menschlichen Bedingungen unterwarf. Viele Weihnachtspredigten der Alten Kirche bringen das Staunen zur Sprache, dass das Wort Gottes ein der Sprache noch unfähiges kleines Kind wurde (das lateinische Wort *infans* meint wörtlich „jemand, der nicht spricht").[42]

Die Schrift ist das Wort Gottes in derart klein gewordener Form, dass wir es aufnehmen können. Die Gute Nachricht ist absichtlich nicht etwas Unwiderstehliches. Auch die Predigt Jesu führt nicht von selber zur Nachfolge. Was wir in der Bibel lesen, drängt sich nicht auf: Ihr Sinn ist nicht immer klar, ihre Überzeugungskraft führt nicht von selber zum Tun. Die Offenbarung ist das in unsere Freiheit hinein gesprochene Wort Gottes. Dessen Kraft ist nicht unmittelbar sichtbar, sie muss bewusst und intensiv gesucht werden.

Nach dem syrischen Mönch Dionysius Areopagita, der im 6. Jahrhundert lebte, gibt es eine Art der Betrachtung, die einem Korkenzieher gleicht: sie bewegt sich in Kreisen, dreht sich wie eine Spirale kontinuierlich in Gott hinein und dringt bis zum Herzen Gottes vor. Dieses Bild will sagen, dass die Betrachtung umso intensiver sein wird, als unsere Liebes-Fähigkeit wächst, auch wenn dafür alle Energien gefordert werden. Diese Erfahrung machen wir auch mit der *lectio divina*. Unser Kontakt mit Gott führt nicht sofort in die Tiefe, sondern erst nach langen Jahren der Übung. Darum kann die anfängliche Erfahrung nur eine oberflächliche sein, auch wenn uns das im Moment nicht bewusst ist. Die Fülle der Offenbarung zeigt sich nicht bei einem schnellen Durchgang.

Wir müssen aber auch freimütig zugeben, dass die Bibel trotz der göttlichen Inspiration menschlichen Grenzen unterworfen ist.[43] Sie kann die göttliche Wirklichkeit nicht *umfassend* erklären oder übermitteln. Die Wahrheit der biblischen Botschaft ist in den Symbolen versteckt – sie nimmt die ganze Aufmerksamkeit des Verstandes in Beschlag und nährt unseren Geist, ohne uns jedoch erschöpfendes Wissen zu geben. Dies ist die ursprüngliche Bedeutung des Wortes „mysterium". Das griechische Wort *mysterion* hängt mit dem Verb *myein* (betrachten) zusammen und bedeutet etwas, das zu einer längeren Betrachtung einlädt; etwas, das so reich an Bedeutung ist, dass sich der Verstand bereitwillig davon nährt. Es ist kein Rätsel, das wir weglegen, sobald es gelöst ist. Uns hält ein Geheimnis gefangen. Die Offenbarung hat ihr Ziel erreicht, wenn sie diese totale Erfahrung von Liebe und Verstehen bringt, der Folge unseres Eintauchens in Gott.

Die Selbstbescheidung der Schrift ist derart, dass sie für viele ein Ärgernis ist – wie die konkrete Menschlichkeit Jesu für viele Zeitgenossen ein Skandal war (Matthäus 11,6). Die Bibel wurde vor zwei- bis dreitausend Jahren geschrieben, darum ist sie uns nicht einfachhin zugänglich. Wenn wir von der Geschichtlichkeit der Offenbarung überzeugt sind, müssen wir akzeptieren, dass die Gute Nachricht von Gott in ganz verschiedene Themen eingebettet ist, von denen nicht alle gleich wichtig sind. So ist die Annahme, dass die Erde flach sei und die Sonne um sie kreise, nicht zentral. Andere, schwierige Elemente müssen wir beibehalten, auch wenn sie nicht unseren eigenen Ansichten entsprechen, – sie können nicht wie ein Kleid abgelegt werden. Zu ihnen gehört die patriarchale Sicht der Bibel, die Tendenz, aufgrund rassischen Denkens zwischen „erwählt" und „verworfen" zu unterscheiden, und die göttliche Sanktion von Gewalt und Genozid, besonders in Bezug auf den „Bann" (Ex 23,32 f; Dtn 7,1 f; 20,16 f; Richt 11,30-39; 1 Sam 15,18 f).[44] Wir können das nicht einfach beiseite schieben, nur weil es uns nicht passt – auch wenn wir überzeugt sind, dass es zutiefst falsch ist. Wir müssen den sich offenbarenden Gott in diesen eher dunklen, menschlichen Wirklichkeiten finden. Wollen wir den Text verstehen, müssen wir Vorurteile ablegen und versuchen, uns die Mentalität der Verfasser zu eigen zu machen. Wir müssen dran bleiben und dürfen uns nicht von Nebensächlichkeiten und irrigen, für viele Menschen typischen Meinungen verunsichern lassen.[45] Wie alle Gaben Gottes kommt auch der Schatz der Offenbarung in irdenen Gefäßen zu uns (2 Korinther 4,7). Die Weisheit der Bibel hängt nicht an raffinierten logischen oder plausiblen Worten; „sie ist ein Ärgernis für die Juden und eine Torheit für die Heiden" (1 Korinther 1,23). Nur der durchdringende Blick des geist-erfüllten Lesers kann über verwirrende erste Eindrücke hinwegsehen und Gott finden.

So müssen wir akzeptieren, dass die Bibel nach dem Plan Gottes nicht allmächtig ist, auch wenn sie wie ein zweischneidiges Schwert wirkt (Hebräer 4,12). Der ausgestreute Same bringt Frucht im Verhältnis zur Empfangsbereitschaft des Bodens. Die Offenbarung ist etwas Leises. Sie schlägt Nicht-Glaubende nicht wie mit einer Keule, so dass diese gar nicht anders können als zu glauben; sie umgarnt das Herz dessen, der bereit ist, sich verführen zu lassen.

Damit bekommt die persönliche Einstellung des Lesers ein besonderes Gewicht. Drei Punkte verdienen unsere Aufmerksamkeit.

Erstens bedarf es beim Lesen der Bibel der geistigen Vorbereitung. Wir können nicht davon ausgehen, dass uns ihr Sinn unmittelbar aufgeht. Wenn wir nicht schon eine große Kompetenz in Sachen Bibel-Auslegung mitbringen, kann es notwendig sein, uns auf die *lectio divina* vorzubereiten, indem wir uns im Voraus einiges aneignen. Davon wird in einem späteren Kapitel ausführlicher die Rede sein.

Zweitens gehen wir auf verschiedene Weise auf den Text ein. Das eine ist die Wiederholung; das heißt, wir durchschreiten bei der *lectio divina* im Laufe des Lebens mehrmals das gleiche Territorium. Jedes Lesen macht uns unterschiedliche Aspekte des Textes bewusst. Mit der Erfahrung ändert sich unser Blick, wir werden zuvor verborgene, tiefere Bedeutungen eines Textes besser wahrnehmen. Das bedeutet immer auch, dass es Reichtümer gibt, die darauf warten, entdeckt zu werden. Wir müssen beim Lesen Geduld und Demut üben, wenn wir nicht gleich große Einsichten haben. Manchmal müssen wir vierzig Jahre in der Wüste wandern, bevor es unser Geist zulässt, dass Gottes stille Botschaft unsere Verteidigungs-Mechanismen durchdringt.

Drittens kommt der Geist unserer Schwachheit zu Hilfe. Wenn wir mit der Kirche lesen, können wir zuversichtlich sein, dass der Heilige Geist mit uns ist und uns an die Wirklichkeit erinnert, von der die Schrift spricht, und uns zur Fülle der Wahrheit führt. Wir bleiben beim Lesen nicht allein. Beim Lesen ist Gottes Geist ebenso aktiv wie bei der Abfassung der Bibel. Beide sind ja Aspekte der einen göttlichen Initiative, die sich grundsätzlich ergänzen. Was soll eine Botschaft, die keine Annahme findet? Es nützt nichts, wie Shakespeare zu schreiben, wenn der Brief nicht in den Briefkasten kommt. Ebenso spricht Gott nicht nur. Er unternimmt auch Schritte, um sicherzustellen, dass sein Wort gehört wird.

Um die Bibel zu verstehen, müssen wir sie im Zusammenhang der Heilsgeschichte sehen. Gott vertraut sein Hoffnungs-Wort Menschen an, obwohl er weiß, dass sich sein Wort auf dem Weg vom einen zum andern ändert. Viele werden eine Botschaft weitergeben, die sie selber nicht verstehen oder praktizieren. Andere werden sie für ihre eigenen Zwecke missbrauchen. „Christus wird verkündet, ob in lauterer oder unlauterer Absicht, und darüber freue ich mich" (Philipper 1,18). Der Same des Wortes ist ausgesät und hat eine geheimnisvolle Wachstumskraft, welche der Säende nicht versteht (Markus 4,27). Für alle, die das Wort mit demütigem Herzen aufnehmen, hat es lebenspendende Kraft (Jakobus 1,17). Wenn ich lese, öffne ich mich dem Gott, der die Geschichte verändert. Ich bekomme nicht nur Führung und Trost, ich erlaube Gott, mein kleines Leben, dieses winzige Segment der Geschichte, zu revolutionieren.

3. Sinn-Ebenen

Der amerikanische Medienbischof Fulton Sheen verwendete 1950 in seiner Fernseh-Serie *Es lohnt sich zu leben* (*Life Is Worth Living*) ein Bild, das mir im Gedächtnis geblieben ist. Ein Mann springt von einer Brücke. Drei Beobachter sprechen über dieses Ereignis auf drei verschiedene Weisen. Der eine, ein Physiker, spricht von Distanz, Geschwindigkeit, Beschleunigung, von Dauer und von der Wirkung des Falls auf das Wasser. Der zweite, ein Psychologe, spricht vom innern Drang, von unbewussten Prozessen und von Motivation. Der dritte, ein Priester, sieht das Ereignis durch die Brille der Ethik und der Theologie. Damit wollte Bischof Sheen sagen, dass man vom gleichen Ereignis auf ganz verschiedene Weise sprechen kann. Jeder Bericht stellt die Fakten auf je eigene Weise dar. Das Bild erinnert daran, dass wir als Menschen immer nur *einen* Aspekt der Wirklichkeit im Blick haben, wenn wir von der Wahrheit sprechen, und dass das Ergebnis notwendigerweise unvollständig ist.

Sehr viel hängt von der Sensibilität der Wahrnehmung ab. Sie ist anders, wenn man mit jemandem durch den Regenwald geht, der ihn kennt und liebt, und wieder verschieden mit Touristen, die sich bloß für Fotomotive interessieren. Wer liebt, sieht mehr, denn Liebe ist auch ein Weg zur Wahrheit.[46] Mit wachsender Liebe werden wir auch den Gegenstand unserer Zuneigung besser verstehen. Es gibt noch andere Weisen, unser Verstehen zu vertiefen: das Wissen, das persönliche Wachsen, das Zusammensein mit Begeisterten, das Bemühen um eine tiefere Erfahrung der

Wirklichkeit. Der gleiche Punkt zeigt sich je anders, wenn ich an einem andern Ort stehe. Die Gesundheit eines Menschen ändert sich ständig, und als Folge ändert sich unsere Lebenserfahrung von Jahr zu Jahr.

Das ist wichtig, wenn wir über die Praxis der *lectio divina* nachdenken. Die Heilige Lesung spricht zu mir in meiner momentanen Lage. Anders gesagt: Ich erfasse die Botschaft der Schrift stückweise, je nach meiner momentanen Aufnahmefähigkeit.[47] Je ruhiger und ungestörter Verstand und Herz sind, umso weiter ist mein Horizont. Wenn mich Zorn, Neid oder Lust umtreiben oder wenn ich von Leid und Leere niedergedrückt bin, wird Gottes Wort wahrscheinlich ein weniger offenes Ohr finden. Was ein Anfänger von der Schrift aufnimmt, mag dramatischer sein, es ist aber weniger tief als das, was ältere Menschen aufgrund ihrer lebenslangen Treue erfahren. Abba Nesteros, ein Wüstenvater, dessen Worte von Johannes Kassian gesammelt wurden, spricht davon:

Unser Verstand wird durch dieses Studium [der Schrift] mehr und mehr erneuert, und so erneuert sich auch das Gesicht der Schrift. Es ist, als ob die Schönheit eines heiligeren Verstehens Schritt hielte mit unserem persönlichen Fortschritt. Die Schrift passt sich dem menschlichen Aufnahme-Vermögen an; was dem Irdischen fleischlich erscheint, erscheint dem Göttlichen geistlich.[48]

Wie das Manna, das Israel in der Wüste sammelte, nur einen Tag hielt, so ist die Haltbarkeit geistlicher Nahrung eingeschränkt. Wir können nicht einen unbegrenzten Vorrat anlegen, der uns künftig jede Mühe erspart. *„Heute, wenn ihr Gottes Stimme hört, verhärtet euer Herz nicht"*

(Psalm 95,7-8). Zugegeben, manche von uns können für einige Zeit wie Kamele vom Vorrat in ihrem Höcker leben – doch dieser Vorrat ist nicht unerschöpflich und alles hängt davon ab, wie viel Substanz wir uns im Voraus angeeignet haben. Die Meisten machen die Erfahrung, dass der Umgang mit der Schrift Kontinuität verlangt. So wird Gottes Wort nicht zu etwas Abgestandenem; öfters erneuert, passt es sich den wechselnden Lebensumständen an. Statt einer Übung um der Übung willen wird dieses Wort ein lebendiges Element unseres Verlangens, das Leben im Kontext des Göttlichen zu leben.

Im Wort Gottes sehen wir ganz Verschiedenes. Die *lectio divina* muss nicht immer gleich sein. Das würde zu Langweile und schließlich zur Entfremdung von der Schrift führen. Das Wissen, dass die biblischen Texte verschiedene Facetten haben, kann hilfreich sein; es kann uns beim Bemühen, Gottes Offenbarung zu verstehen und danach zu handeln, auf vielfältige Weise helfen. Die Kirchenväter nennen die verschiedenen Wahrheiten, die sich in der Schrift finden lassen, die „Sinne" der Schrift. Es mag helfen, etwas zu diesem Thema zu sagen.

Die „vier Sinne" der Schrift

Die frühen Kommentatoren wussten, dass die Schrift voller Geheimnisse ist. Aus eigener Erfahrung wussten sie, dass die Kraft des inspirierten Wortes die bewusste Absicht oder Bedeutung eines bestimmten Textes übersteigt. Das Lesen der Schrift führt oft zu größerer Einsicht oder Umkehr. Heute sehen die Exegeten in der Bibel nur zögernd mehr als den historisch-kritischen Sinn. Aber die

Tradition war überzeugt, dass sie einen *sensus plenior*, einen „volleren Sinn" haben kann, der sich dem glaubenden Leser mitteilt.

Die Fachleute sind sicher nicht dagegen, wenn in Predigt und Frömmigkeit der Bibel ein erweiterter Sinn beigelegt wird. Ohne Zweifel ist die Schrift ein starkes Medium und ihre Überzeugungskraft wird größer, wenn ihre Texte in andere Zusammenhänge gestellt werden. Die Exegeten betonen aber, dass diese zusätzlichen Bedeutungen nicht eigentlich zum inspirierten Wort gehören. Sie sind nicht vom göttlichen Autor in den Text selbst hineingelegt, sondern müssen entdeckt werden. Viele Kirchenväter behaupteten zwar, die Geschichte von Abrahams Begegnung mit Gott unter der Eiche von Mamre (Genesis 18) weise schon auf die Lehre von der Heiligen Dreifaltigkeit. Dem ist aber nicht so.[49] Die Exegeten versuchen nicht poetische Deutungen auszuschließen, sie sagen nur, dass sie für das rechte Verständnis eines Textes nicht unbedingt erforderlich sind.

Eine solche Zurückhaltung zeigt die Grenzen des „Vollsinnes". Für jene, die beruflich mit der Bibel zu tun haben, sind diese Grenzziehungen wichtig. Wir, die die Schrift vor allem aus privatem Interesse lesen, können uns eine gewisse Freiheit herausnehmen. Die über den Wortsinn hinausgehenden Bedeutungen können helfen, die Botschaft der Schrift aufzunehmen, festzuhalten und auszusprechen. Ein schlechtes Foto, eine schlechte Aufnahme vermittelt nicht die Lebendigkeit des Originals. Aber es kann uns helfen, dem Gegenstand näher zu kommen und ihn besser im Gedächtnis zu behalten. Ebenso kann eine ausgefallene Schriftauslegung uns mitunter helfen, den biblischen Text besser zu verstehen und sich seinem kraftvollen Einfluss auszusetzen.[50]

Mit dem Trocknen der Tinte auf der letzten Seite des Buches der Offenbarung war das Wirken des Heiligen Geistes nicht zu Ende. Im eigentlichen Sinn bedeutet Inspiration, dass die vielen Wege, die zur *schriftlichen Fixierung* der Bibel führten, kein Zufall waren.[51] Der Geist Gottes ist auch beim Lesen der Schrift am Werk. Wenn die Bibel für den Einzelnen wie für die Gemeinschaft ein Ort der Begegnung mit Gott ist, dann ist klar, dass diese zusätzlichen Bedeutungen nicht willkürliche Eindrücke sind; sie sind vermutlich ebenso vom Geist eingegeben. Aber sie bedürfen auch der Unterscheidung. Es gibt keine Garantie dafür, dass jede private „Inspiration" eine direkte göttliche Botschaft ist. Wir sagen nur, dass, wer in Offenheit für die Zukunft, mit einer guten Portion Menschenverstand und dem Gefühl für das Ganze Gott sucht, relativ selten vom rechten Weg abkommt. Wir sind nicht unfehlbar und gelegentlich missverstehen wir Menschen, Situationen und Texte; aber es entsteht kein Schaden, wenn wir ein normales Maß an Klugheit und Demut walten lassen. Sind wir jedoch beim Lesen zu kleinlich und haben Angst, Fehler zu machen, wird der Horizont sehr eng, und wir können viele Früchte der *lectio divina* nicht genießen.

Dass die Bibel noch andere Bedeutungen haben kann, ist für die Heilige Lesung grundlegend. Ihr Studium eröffnet uns den objektiven Sinn der Texte, doch können andere Methoden eine ganzheitlichere Antwort auf das Wort Gottes erleichtern. *Lesung* und Studium sind nicht identisch, obgleich sie sich manchmal überschneiden. Wir kommen auf diesen Punkt noch zurück. Für den Moment genügt es darauf hinzuweisen, dass *lectio divina* dort beginnt, wo das Studium aufhört. Hier hat die traditionelle Lehre vom vielfachen „Sinn" ihren Platz.

Es wäre nun zu erwarten, dass es ob der sehr vielen unterschiedlichen Väterschriften auch über Anzahl und Eigenart der „Sinne" ganz verschiedene Ansichten gibt. Wer sich dafür interessiert, lese die 1800 Seiten umfassende Studie eines französischen Jesuiten zum Thema.[52] Es wurden bis zu sieben verschiedene Sinn-Ebenen unterschieden, doch sprechen die meisten Väter von drei oder vier „Sinnen".

Der Wortsinn, auch geschichtlicher Sinn, ist das, was die Verfasser bewusst weitergeben wollten, sei es eine Geschichte, eine Lehre oder eine Ermahnung. Dieser Schrift-Sinn ist den Exegeten zugänglich. Die meisten Väter sind sich darin einig, dass man diesen Sinn sehr gut kennen muss, bevor man zu anderen Deutungen übergeht. Der Verzicht auf diesen Wort-Sinn führt leicht zu irrigen Ansichten.

Der christologische Sinn. Der sogenannte „allegorische Sinn" ist ein Versuch, in sonst sehr trockenen biblischen Texten einen zusätzlichen christlichen Sinn zu finden. Damit wird ein Text als ganzer im Zusammenhang der Erlösung neu positioniert. Das gleicht in etwa dem Lesen eines Kriminalromans, wenn der Mörder schon bekannt ist. Die Bedeutung vieler kleiner Ereignisse wird so klar. Ebenso lesen Christen das Alte Testament im Wissen, wie das Ganze enden wird. Dieses Wissen ist nicht nur etwas Theoretisches; die Gläubigen stehen im praktischen Kontakt mit der Gnadenordnung. Ein Beispiel: Wenn sie im Buch Genesis vom Sündenfall lesen, deuten sie ihn gern im Sinne der „glücklichen Schuld", die von der Osterliturgie besungen wird. Ähnlich nimmt Augustinus in den Psalmen-Kommentaren oft Bezug auf die Paulusbriefe – nicht so sehr, um die Worte zu deuten, sondern weil er die bleibende Wirklichkeit, die in diesen Worten zum Ausdruck kommt, sehr schätzt.

Mit dem allegorischen Sinn konnte der Glaube auferbaut werden. Die Folgerungen waren oft richtig, auch wenn die Wege dazu bizarr scheinen mögen.[53] Nur wenn wir uns mit poetischer Freiheit leicht tun, werden wir uns bei traditionellen Beispielen christologischer Deutung nicht unwohl fühlen. Andererseits wäre es wohl zu viel verlangt, wenn man von lebendigen Christen erwartet, dass sie beim Lesen der göttlichen Verheißungen nicht sogleich an die Erfüllung im historischen Jesus, in der gegenwärtigen Gnaden-Wirklichkeit, im Wirken des Heiligen Geistes und in der Hoffnung auf das künftige Leben denken würden. Es hilft, die Abraham und Sara gegebenen Verheißungen zu verstehen, wenn wir die christliche Erfahrung von Gnade über die alten Geschichten legen – wie das in Römer 4 und Hebräer 11 geschieht. Der christologische Sinn ergibt sich, wenn wir einen Text im Wissen um die geistliche Wirklichkeit lesen, von der er spricht.

Der moralische Sinn. Er wird „moralischer" oder „tropologischer" Sinn genannt. Diese Begriffe beziehen sich nicht auf die objektive ethische Botschaft der Schrift, sondern auf die Art und Weise, wie Gottes Wort unsere Überzeugungen und Werte und letztlich das Evangelium selber unser Verhalten prägt. Die monastischen Autoren hatten eine Vorliebe für diesen Sinn. Die Schrift ist uns gegeben, damit sie unser Verhalten formt und uns Christus ähnlich macht. Was immer sie an – auch theologischem – Wissen bietet, ist sekundär im Vergleich zu ihrer Absicht, das tägliche Leben nach Jesu Wort und Praxis neu zu gestalten. „Gesegnet, die Gottes Wort hören – und es befolgen" (Lukas 11,28). Der hl. Jakobus erinnert uns daran, dass wir gerufen sind, „Täter und nicht nur Hörer des Wortes" zu sein (Jakobus 1,22-25).

Der mystische Sinn. Die technische Bezeichnung ist „anagogischer" Sinn und bezieht sich auf die Kraft der Bibel, unsere Herzen zur geistlichen Wirklichkeit zu erheben, uns ein größeres Verlangen nach Gott fühlen zu lassen und uns immer tiefer ins Gebet hineinzuführen. Auf diese Weise ruft uns das Evangelium ständig zur Gemeinschaft – mit Gott und mit unserem Mitmenschen. Beim Lesen wird uns mehr und mehr bewusst, dass uns das Innere dazu drängt, über das Kleinliche, das unser Leben so sehr bestimmt, hinauszugehen und uns mehr dem Gott zu öffnen, der im Sakrament des Wortes gegenwärtig ist. Es geht um das Verlangen, Gott zur Mitte unseres Lebens zu machen, in Gott zu „bleiben" und ihm zu erlauben, in uns zu bleiben. Vor allem das Evangelium nach Johannes lädt uns zu einem Lesen auf dieser Ebene ein.

In einer gewissen Weise folgen die vier Sinne aufeinander. Dieser Zugang zur *lectio divina* kann hilfreich sein, so lange wir uns des beständigen Hin und Her und der Überlagerung der Ebenen bewusst bleiben. Wir beginnen damit, uns aufmerksam dem Wort-Sinn des Textes zuzuwenden. Unsere Lesung kann sich in das Ganze der Erlösung hineinstellen, so dass jede Seite der Schrift ganz von selbst von Christus zu singen beginnt. Das vom Glauben genährte Vertrauen gibt uns den Mut, auf das tägliche Leben zu schauen und ihm einen authentischen evangelischen Charakter zu geben. Die Mühe, die damit verbunden ist, und die unausweichlichen Misserfolge führen dazu, dass wir unsere Grenzen anerkennen, und so rufen wir zu Gott um Hilfe. Die Erfahrung unserer Schwachheit führt uns zum Gebet.[54] Wenn Gott auf unser Gebet antwortet, beginnen wir zu erfahren, wer Er ist. Mit zunehmender Vertrautheit wächst auch unsere Wertschätzung Gottes, und damit auch das geistliche Verlangen und der geheime Wunsch nach Gemeinschaft mit Ihm. Zuweilen kommt diese Vereinigung zustande, und wir beginnen zu verstehen, warum die Alten die *lectio divina* als eine Schule der Betrachtung verstanden.

Der gleiche Prozess könnte auch im Sinne der Fähigkeiten beschrieben werden, die in den verschiedenen Phasen unserer Beziehung zum inspirierten Text aktiviert werden. Wenn wir eifrig bemüht sind, den Wortsinn eines Textes zu entdecken, setzen wir Sinne und *Intellekt* ein. Hier ist der Verstand am Werk, denn richtige Folgerungen haben nicht unbedingt mit dem Glauben oder eigenem Bemühen zu tun. Der christologische Sinn wird in einem anderen Bereich aktiv. Er bedient sich unseres Gedächtnisses. Was wir lesen, wird mehr und mehr in einen konkreten Bedeutungszusammenhang gestellt, den die Gnade berührt und der ein hohes Maß an persönlicher Überzeugung besitzt. Schrittweise wird unser *Gewissen* aktiviert. Das Wort kommt jetzt als innerer Befehl zu uns, den wir nur verstehen, wenn wir ehrlich sind, und den wir nur annehmen können, wenn wir praktisch bereit sind zu gehorchen.[55] Mehr und mehr wird dann die *lectio divina* davon geprägt, dass sie Beziehung meint. Gott und unser eigentliches Selbst wird uns ehrlicher bewusst. An diesem Punkt gelangt das Wort in unser Innerstes, in die Tiefe unseres Person-Seins. Das Wort richtet sich an unseren *Geist*, und auf dieser Ebene wird uns bewusst, dass das Wort nicht länger als Mittel zwischen uns und Gott dient: wir erfahren das Wort als Person.

Im nächsten Abschnitt betrachten wir eine andere Art der Unterscheidung der verschiedenen Elemente, die den komplexen Prozess der *lectio divina* ausmachen. Was als Lesung anfängt, wird Betrachtung und Meditation; diese führt zum Gebet und schließlich zur kontemplativen Vereinigung mit Gott. Die lateinischen Begriffe sind: *lectio > meditatio > oratio > contemplatio*. Bevor wir jedoch auf diesen Aspekt der geistlichen Lesung zu sprechen kommen, soll ein Diagramm das bisher Gesagte zusammenfassen:

Die vier Stufen der lectio divina

Sinn	Kraft	Funktion	Gebet
Wort	Intellekt	den Text verstehen	lectio
christologisch	Gedächtnis	im konkreten Zusammenhang	meditatio
moralisch	Gewissen	die Bedeutung leben	oratio
mystisch	Geist	Gottesbegegnung im Text	contemplatio

Jedes Schema bringt eine gewisse Vereinfachung mit sich. Der mögliche Vorteil der Zusammenfassung einer derart komplexen Materie liegt darin, dass sie hilft zu prüfen, ob bei der Praxis der *lectio divina* etwas Wichtiges fehlt. Geistliche Lesung wirkt nur dann ein Leben lang schöpferisch, wenn sie früher oder später tut, was das Schema andeutet.

Vom Lesen zum Beten

Die klassische Beschreibung der vier Elemente des Gebetes, das mit der *lectio divina* verbunden ist, findet sich im späten 12. Jahrhundert unter dem Titel *Die Leiter der Mönche*

(*Scala Claustralium*). Dieser Brief über das kontemplative Leben wurde von Guigo II., dem neunten Prior der Großen Kartause, geschrieben.[56] Die kleine Schrift liest sich leicht. Ihr Inhalt gehört zum Besten der lateinisch verfassten monastischen Spiritualität jener Zeit.

Den monastischen Schriftstellern war das Bild der Leiter sehr wichtig. Der hl. Johannes Climacus (griechisch *klimax* = Leiter) schrieb über die geistliche Leiter ein ganzes Buch. Auch Benedikt gebraucht im wichtigsten Kapitel der Regel, über die Demut, dieses Bild.[57] Mit einer Leiter kann man von einer Ebene zu einer anderen aufsteigen. Die monastischen Schriftsteller sprechen mit diesem Bild von den verschiedenen Phasen des Aufstiegs zu Gott. Einige taten das im Sinne einer Vorschrift: Das musst du tun, wenn du weiter aufsteigen willst. Andere, wie der hl. Benedikt, verfassten eine Art Beschreibung: Das wirst du erfahren, wenn dich die Gnade zu Gott hinaufzieht. Das Bild der Leiter war deshalb wichtig, weil es erlaubte, von der Dynamik und den sich ändernden Aspekten des geistlichen Lebens zu sprechen – in einer Welt, welche die Begriffe „Entwicklung" oder „Evolution" nicht kannte und für welche die Wirklichkeit etwas Statisches und die Erde flach war. Das Bild der Leiter ist eine aus der Erfahrung stammende Antwort auf die Philosophie. Verstand und Denken glaubten zwar, dass sich die universellen Gesetze nicht ändern, aber die Erfahrung sagte, dass es im Verlauf des menschlichen Lebens große Veränderungen gibt.

Guigo legt dar, wie wir die kontemplative Vereinigung mit Gott erfahren können. Als Ergebnis der Erfahrung hat sich die Methode über Jahrhunderte hin entwickelt. Guigo erhebt nicht den Anspruch, dies sei der einzige Weg zu Gott.

Er legt einfach im Einzelnen dar, auf welche Weise viele Mönche zur Kontemplation fanden.

Es wäre nicht richtig, diese Abhandlung als Rezeptbuch zu verstehen und damit für uns eine Art Kontemplation „zusammenbrauen" zu wollen. Guigos „System" ist nicht starr, es ist auch keine Vorschrift. Es handelt sich nicht um bürokratische Kategorien, sondern mehr um so etwas wie die Farben eines Regenbogens. Die verschiedenen Elemente tauchen auf und verschwinden, manche überschneiden sich, andere weichen zur Seite. In den verschiedenen Phasen des Lebens werden sich diese Elemente vermischen; das eine Mal wird es mehr ein Lesen sein; dann wieder stillen Versenkung und Ruhe unseren geistlichen Hunger.

Vor allem aber sind die vier Schritte, die Guigo nennt – Lesung, Meditation, Gebet, Kontemplation – keine in *einer* Lesung mechanisch zu befolgende Methode. Manchmal folgen sich die Sprossen der Leiter nicht chronologisch. Das in der Schrift-Meditation angelegte Gebet kann irgendwann aufbrechen, etwa wenn wir mit etwas ganz Anderem beschäftigt sind. Manche verbinden Lesung, Reflexion und Gebet in einer einzigen „Übung"; andere teilen sie räumlich und zeitlich auf. Manche machen die Erfahrung, dass sich die Reaktion verzögert. Die Folgen mögen sich Monate nach der *lectio* einstellen. Wir müssen mit einem großen Maß von Flexibilität rechnen, die mit den verschiedenen Charakteren, Berufungen, Gelegenheiten und den sich verändernden Lebensbedingungen zu tun hat.

Kontemplation darf nie als Ergebnis eines Prozesses verstanden werden. Sie bleibt eine Gabe Gottes und kann nicht automatisch mit menschlichem Tun in Verbindung gebracht werden. Gott gibt sie, wann er will, nicht als „Belohnung" für das Gute, sondern als etwas, das dem Leben neue Energie zuführt. Das heißt, die ersten Phasen des Prozesses wollen unsere Aufnahmefähigkeit verstärken; ihr Resultat wird davon abhängen, was wir sind und was unser Leben ist. Bei manchen werden die Bedingungen schnell gegeben sein; andere gelangen erst durch lebenslange Kämpfe und Verwirrungen zu dem Punkt, wo sie das annehmen können, was Gott ihnen geben will.

Guigo beginnt seine Abhandlung damit, dass er auf den Abstand zwischen Anfang und Ende weist. Wie bei Jakob (Genesis 28,12) ruht der Fuß der Leiter auf dem gewöhnlichen Boden, das Ende der Leiter ragt in die verborgenen Räume des Himmels hinein:

Eines Tages war ich mit Handarbeit beschäftigt und begann über unsere geistlichen Aufgaben nachzudenken. Während ich das tat, fielen mir vier Stufen ein: Lesung, Meditation, Gebet und Kontemplation. Auf dieser Leiter gelangen die Mönche von der Erde zum Himmel. Es sind nur wenige Stufen, aber die zu überwindende Distanz kann nicht gemessen noch erahnt werden, da die Leiter unten, auf dem Boden steht und ihr oberes Ende in die Wolken hineinragt und die Geheimnisse des Himmels offen legt.[58]

Das steht im Gegensatz zur Behauptung, es gehe denen, die die Kontemplation fördern, um etwas Elitäres. Die Kontemplation *ist* ein hohes menschliches Tun, und nicht alle sind sofort innerlich dafür bereit. Guigos ermutigende und optimistische Überzeugung ist es, dass wir zum Höheren aufsteigen können. Wenn wir leidenschaftlich um die höheren Gaben bemüht sind (1 Korinther 12,31), haben wir hier einen Weg, der uns zum Ziel führt.

Guigo betont, die einfache Hingabe an Gottes Wort führe in ihrer Logik zu den Höhen der kontemplativen Vereinigung mit Gott. So kann man sagen, dass das letzte Ziel der *lectio divina* die Kontemplation ist. Nach der antiken Weltsicht muss das Endziel eines jeden Weges allen vorausgehenden Stufen eingeprägt sein, wenn es denn einen Fortschritt geben soll. Mit anderen Worten, so verschieden das auch ist, was die geistliche Lesung ausmacht, es muss den Charakter des Gebetes haben.

Obwohl es um einen Einigungs-Prozess geht, hilft es, die Elemente des schrittweisen Übergangs von der Aktion zur gnadenvollen Versenkung in Gott zu benennen. Wenn wir darum wissen, dass wir tiefer und tiefer in das Geheimnis hineingezogen werden, können wir verantwortungsvoller mitarbeiten. Das fasst Guigo so zusammen:

Damit du das Ganze dessen, was in einzelnen Abschnitten gesagt wurde, sehen kannst, wollen wir das bisher Gesagte zusammenfassen. Die schon angeführten Beispiele zeigen dir, dass die Schritte aufeinander bezogen sind und die einen den anderen zeitlich vorausgehen. Das Lesen ist so etwas wie die Grundlage; es bietet das Material für die Kontemplation. Die Meditation sucht eifrig nach dem, worum es geht. Es ist wie das Graben nach einem Schatz (Sprichwörter 2,4; Matthäus 13,44), den es ans Licht zu bringen gilt. Aber aus uns selbst können wir nicht in den Besitz des Schatzes gelangen. So werden wir zum Gebet geführt. Das Gebet erhebt sich mit aller Kraft zu Gott und bittet um den gewünschten Schatz, die Süße der Kontemplation. Mit ihr kommt der Lohn für die vorausgehende Mühe. Die dürstende Seele wird mit dem Tau der himmlischen Süße mehr als reich getränkt. Lesen ist etwas Äußerliches; die Meditation ist eine Sache des Inneren, des Intellektes. Das Gebet bewegt sich auf der Ebene des Verlangens. Die Kontemplation übersteigt die Sinne. Lesen ist Sache des Anfängers, die Meditation die des Fortgeschrittenen, das Gebet die Sache des Frommen, die Kontemplation die Sache des Gesegneten.[59]

Grundsätzlich durchdringt das Gebet jeden Aspekt der geistlichen Lesung und macht sie zu etwas Besonderem. Das Gebet kommt nicht plötzlich mit der dritten Stufe. Vielmehr begleitet es uns, wenn wir das Buch öffnen und uns bereiten, wenn wir eine Seite lesen und ihren Sinn bedenken. Bei der *lectio divina* geht es um das Gebet; deswegen wird die geistliche Lesung gelegentlich eine Form von Gebet genannt.

Alles ist gut, wenn sich das Gebet einstellt, von selber oder indem wir etwas nachhelfen. Wir müssen nicht unsere Praxis überprüfen, noch Bücher über *lectio divina* lesen. Wir können uns einfach zurücklehnen und dem Gebet die Führung überlassen. Zu anderen Zeiten ist es etwas schwieriger. Vielleicht sind wir emotional oder intellektuell erregt, ruhelos oder traurig. Wir fangen dann an zu lesen, aber wir werden irgendwie abgelenkt. Wir sind dann wie jene Mönche, von denen Guerric von Igny spricht:

Sie nehmen am Chorgebet teil und schlafen dabei ein oder beschäftigen sich mit leeren und gefährlichen Gedanken. Sie setzen sich mit einem Buch hin und gähnen. Sie hören das Wort der Ermahnung, aber es fällt ihnen schwer zuzuhören.[60]

Wie gehen wir mit einer solchen Situation um? Es gibt eine einfache, allgemeine Regel: Wenn sich das Gebet nicht von selber einstellt, füge du es ein. Beginne die Lesung mit einem Gebet, unterbrich den Text mit einem Gebet. Manchen hilft es, die Sätze, die sie lesen, zu einem an Gott gerichteten Wort, das aus ihrem Leben und aus ihrer Erfahrung kommt, zu formen. Wenn wir uns auf diese Weise mit einem Text ernsthaft abgeben, bekommt die undurchdringliche Fassade bald Risse und aus dem Text ergibt sich ein spontanes Gebet. Das deshalb, weil oft unsere eigene Einstellung der Grund ist, warum uns ein Text nicht zum Gebet anregt. Wenn wir unserem Verlangen zu beten, nachgeben und die Hindernisse, den inneren, das Bemühen blockierenden Widerstand aufgeben, geht es schon besser.

Das vom Gebet bestimmte Lesen ist der erste Schritt der *lectio divina*. Was immer das Beten erleichtert, wird auch etwas zum Lesen der Schrift beitragen. Wenn wir gleich zu Beginn unserer Beschäftigung mit dem Text unser Verlangen, Gott zu begegnen, zum Ausdruck bringen, machen wir schon den Weg zu einem tieferen Verstehen frei. Die beste Antwort auf die Frage „Warum tue ich das?" ist: „Ich hoffe, in meiner Lesung Gott zu finden." *Lectio divina* ist ein Ausdruck meiner Gott-Suche. Geistliche Lesung kann nur dann als „Erfolg" bezeichnet werden, wenn sie mich dazu bringt, meine Verteidigung aufzugeben und Gott zu erlauben, mein Herz zu berühren und mein Leben zu ändern. Ideal ist es, damit zu beginnen, meinen latenten Glauben und mein Vertrauen durch einen Willensakt in Gott zu aktivieren. Ironischerweise werde ich mich umso mehr Gottes gnadenvoller Einwirkung öffnen, je schlechter ich mich am Anfang fühle.

Praktische Hinweise für eine solche Einstellung wird das nächste Kapitel geben. Für den Moment genügt es, nochmals zu betonen, dass das Gebet nicht auf die dritte Phase dieses Prozesses wartet. In einem gewissen Sinne muss es von Beginn an da sein. Das ist es vor allem, was die Lesung vom Studium, von Erholung und von andern Formen des Lesens unterscheidet. Es wäre falsch zu meinen, Guigo gehe es beim ersten Schritt um ein Lesen ohne Gebet. Die Phasen können unterschieden werden, aber sie dürfen nicht voneinander getrennt und noch weniger als etwas jeweils Selbständiges betrachtet werden:

Aus dem Gesagten können wir schließen, dass Lesung ohne Meditation eine trockene Angelegenheit ist. Meditation ohne Lesung kann zu Irrtümern führen. Ohne Meditation ist das Gebet nur lauwarm. Meditation ohne Gebet ist fruchtlos. Gläubiges Gebet führt zur Kontemplation, während es Kontemplation ohne Gebet kaum oder nur durch ein Wunder gibt.[61]

Kommen wir zum Bild der Leiter zurück. Guigo betont, dass wir für gewöhnlich die ersten Sprossen besteigen müssen, wenn wir zu den obersten gelangen wollen. Zugleich bleibt sich das Ziel des Aufstiegs während des ganzen Weges gleich. Wir besteigen eine Leiter, um höher hinauf zu gelangen. Das Verlangen nach der Höhe der Kontemplation zieht uns während des ganzen Aufstiegs, auch wenn sich die Energie für den Moment auf die unteren Sprossen konzentriert. Wir müssen zuerst die niedrigeren Arbeiten tun, die näher beim Leben sind.

Unsere erste Aufgabe ist es, sicherzustellen, dass der Prozess auf dem richtigen Gleis beginnt. Das heißt, wir müssen uns Zeit nehmen, um die Bibel aufzuschlagen und sie zu lesen. Wir müssen uns vergewissern, dass das Lesen ein objektives und genaues ist. Grundsätzlich müssen wir sorgfältig den Wort-Sinn der Schrift suchen; davon spricht der nächste Abschnitt.

Den Wortsinn finden

Lectio divina führt zum bewussten Willen, nach dem Evangelium zu leben. Das zu leben, was wir lesen. Weil das Leben nach dem Evangelium aus dem Verständnis der Evangelien erwächst, müssen wir auch festhalten, was Gott in der Schrift offenbart. Sonst reduzieren wir das gewaltige Wort Gottes auf unsere eigenen phantasiereichen Konstruktionen. Der Mönch Berno von Reichenau (11. Jahrhundert) war sich dessen bewusst: *„Kluger Leser, nimm dich in Acht vor einem abergläubischen Verständnis. Versuche nicht, die Schrift deiner eigenen Meinung anzupassen oder deine eigene Meinung zur Schrift hinzuzufügen."* [62]

Es stimmt ohne Zweifel, dass die geistliche Lesung vom Heiligen Geist und ganz allgemein von Gottes Vorsehung geführt wird. Beim Bemühen, einen Text so zu verstehen, wie er eigentlich gemeint ist, kann das aber nicht als Entschuldigung für den Mangel an ganz gewöhnlichem menschlichem Fleiß und an Klugheit gelten. Was uns besonders davon abhält, der *lectio divina* ein Leben lang treu zu sein, ist eine Art frommer Faulheit; sie hindert uns daran, selbst aktiv zu werden. Eine andere Haltung steht dem Studium und dem intellektuellen Bemühen misstrauisch gegenüber. Ich bin oft überrascht, wenn ich höre, wie sogar gut ausgebildete Prediger das Evangelium auf eine Weise auslegen, die in nichts dem Studium der Bibel verpflichtet ist. Ihre

Darlegung beruht auf der Annahme, der Sinn der Schrift sei klar und es brauche nur gesunden Menschenverstand, um das Geschriebene zu verstehen. Die Sprache und die Methoden der biblischen Auslegung werden zu schnell als unwichtig für die Predigt und die praktische Nachfolge zur Seite gelegt. Stattdessen nähert man sich dem heiligen Text oft mit einer intellektuellen Gleichgültigkeit, die in den meisten anderen Bereichen menschlichen Tuns nicht akzeptabel wäre.

In einem gewissen Sinn bringt es wenig, die Zeit mit der Schrift zu verbringen, wenn wir uns nicht sorgfältig bemühen, den authentischen Sinn eines Textes zu erschließen. Die Bibel liest sich nicht leicht. Sie ist eine Sammlung von Texten aus weit zurückliegenden Kulturen, vor zwei- bis dreitausend Jahren geschrieben. Ich glaube, wir können die Bibel nur verstehen, wenn wir ihre Fremdheit akzeptieren. Die frühen Mönche waren sich dessen zweifellos bewusst und verwandten viel Mühe darauf, alle erreichbaren Autoritäten zu konsultieren, um sich von ihnen den wahren Sinn des inspirierten Wortes erschließen zu lassen. Der heilige Stephan Harding, einer der Gründerväter der Zisterzienser, ging dabei so eifrig vor, dass er die lateinische Bibelübersetzung selber kontrollierte und Rabbiner konsultierte, wenn der hebräische Urtext dunkel war – eine außerordentliche Offenheit im Europa des 12. Jahrhunderts.

Zugegeben, es gibt in der Bibel Texte, die unmittelbar und deutlich zu uns sprechen, ohne dass wir uns vorbereiten müssen. Oft aber basteln wir herum und verpassen den Sinn eines Textes, weil wir uns nicht die Mühe nehmen, die notwendigen Vorarbeiten zu tun. Mir fällt oft ein, was die heilige Therese von Lisieux zwei Monate vor ihrem Tod sagte:

Wäre ich Priester gewesen, ich hätte Hebräisch und Griechisch gelernt und mich nicht mit dem Latein zufrieden gegeben. So hätte ich den wirklichen, vom Heiligen Geist diktierten Text kennen lernen können.[63]

Aus Liebe zur Schrift wollen wir sicher sein, dass das, was wir bekommen, wirklich Gottes Wort und nicht nur ein Echo unserer eigenen Ansichten und Vorurteile ist.

Bevor wir beginnen, viel Zeit für ein biblisches Werk zu investieren, empfiehlt es sich oft, uns für vorbereitende Studien Zeit zu nehmen. Es macht Sinn, eine Karte zu studieren, bevor wir eine Reise antreten, und uns mit den wichtigen Strecken vertraut zu machen, auch wenn dabei manche Details noch offen bleiben. Es bringt auch viel, wenn wir uns von einem Fremdenführer auf Sehenswertes hinweisen und informieren lassen. So können wir das Gesehene besser schätzen. Ebenso kommt es uns zugute, wenn wir im Voraus etwas über ein Werk und seinen Inhalt wissen, bevor wir uns auf das Abenteuer einlassen, ein neues biblisches Buch kennenzulernen.

Jeder Mensch hat seinen eigenen Zugang zum notwendigen Wissen. Manche begnügen sich damit, sich für Kurse an einer theologischen Schule einzuschreiben, andere ziehen ein nicht-akademisches Programm oder die Teilnahme an einer Studiengruppe vor, um Lese-Hilfen zu bekommen. Ich möchte hier einige allgemeine Hinweise geben für jene, die für sich allein arbeiten. Auch auf das Risiko hin, einen möglichen Leser zu entmutigen, erwähne ich alles, was für das richtige Lesen eines inspirierten Textes hilfreich sein kann; dabei ist mir bewusst, dass die meisten Menschen in einer bestimmten Zeit nur einen einzigen Weg verfolgen können.

Hintergrund-Kultur. Viele alttestamentliche Erzählungen und Jesus-Gleichnisse machen nur dann Sinn, wenn wir etwas von den Gebräuchen jener Zeit wissen. Was ist ein Bund? Welchen Wert hatte ein Talent oder ein Denar? Wer waren die Zeloten oder die Pharisäer? Wie hatte man sich auf einer Hochzeit zu verhalten? Was ist der „Gräuel der Verwüstung"? Welches war der genaue Sinn des Wortes *Abba*? Diese und tausend andere einfache Fragen begegnen uns beim Lesen. Die Antworten helfen oft, den Sinn des heiligen Textes besser zu verstehen. Es gibt Bibelausgaben mit Anmerkungen oder einbändige Kommentare mit Artikeln über Hintergründe und biblische Kultur. Für spezielle Themen können wir uns in leicht zugänglichen biblischen Wörterbüchern das notwendige Wissen aneignen.[64]

Biblische Sprachen. Natürlich kann nicht jedermann Hebräisch und Griechisch lernen. Aber wer es kann, sollte die Gelegenheit nutzen. Wenn wir nicht zu diesen Glücklichen gehören, können wir wenigstens das eine und andere über die biblischen Sprachen lernen, denn viele Wörter und Sätze haben eine besondere Bedeutung und lassen sich nicht leicht in moderne Sprachen übertragen. Wenn wir Zugang zu einer theologischen Bibliothek haben, finden wir dort große Werke, die uns weit mehr Informationen liefern, als wir brauchen.[65]

Komposition. Die biblischen Bücher sind nicht wie moderne Werke geschrieben und sind nicht so sehr individuelle Kompositionen als vielmehr Monumente der kollektiven Erinnerung. Wenige biblische Bücher gehen auf einzelne Autoren zurück. Ihr Material stammt aus verschiedenen Quellen und reflektiert unterschiedliche Absichten und Gesichtspunkte. Manchmal stand am Anfang eine mündliche Überlieferung, die erst viel später niedergeschrieben wurde. Fast immer hat das betreffende Buch seinen Ursprung eher in einer Gruppe als in einem Individuum – auch wenn es den Namen eines Autors trägt. Jedes Buch ist anders, und eine gute Einleitung kann uns einen Faden durch das Labyrinth mitgeben. Texte, die sich gegenseitig zu widersprechen scheinen, werden verständlicher, wenn wir die verschiedenen Elemente kennen, die darin zusammengefunden haben. Ein gutes Beispiel sind die ersten Seiten der Bibel. Die zwei unterschiedlichen Berichte über die Erschaffung der Welt haben manches gemeinsam, in anderen Einzelheiten unterscheiden sie sich wieder. Wenn wir die den beiden Erzählungen eigenen Gesichtspunkte ernst nehmen wollen, hilft es, etwas vom Geheimnis der Schöpfung zu wissen. Die Unterschiede der beiden Erzählungen bieten dann keine Schwierigkeiten mehr; wir erleben sie als Bereicherung.

Literarische Gattungen. Aus dem eben Gesagten folgt, dass wir biblische Texte erst dann richtig verstehen, wenn wir auf die „literarischen Gattungen" achten. Das heißt, wir müssen wissen, was wir vor uns haben: Geschichte oder phantasievolle Fiktion, eine Lehraussage oder eine pastorale Ermahnung. Wir müssen uns auch bewusst sein, dass manche antiken Formen einem modernen Leser fremd sind. Das Zweite Vatikanum legte Wert darauf, dass die Exegeten auf die literarischen Gattungen achten:

Da Gott in der Heiligen Schrift durch Menschen nach Menschenart gesprochen hat, muss der Schrifterklärer, um zu erfassen, was Gott uns mitteilen wollte, sorgfältig erforschen, was die heiligen Schriftsteller wirklich zu sagen beabsichtigten und was Gott mit ihren Worten kundtun wollte.

*Um die Aussageabsicht der Hagiographen zu er-
mitteln, ist neben anderem auf die literarischen
Gattungen zu achten; denn die Wahrheit wird je
anders dargelegt und ausgedrückt in geschichtli-
chen, prophetischen oder dichterischen Texten oder
in anderen literarischen Gattungen. Weiterhin hat
der Erklärer nach dem Sinn zu forschen, wie ihn der
Hagiograph den Bedingungen seiner Zeit und Kultur entsprechend – mit Hilfe der damals üblichen
literarischen Gattungen – hat ausdrücken wollen
und wirklich zum Ausdruck gebracht hat. Will man
richtig verstehen, was der heilige Verfasser in seiner Schrift aussagen wollte, so muss man schließlich genau auf die vorgegebenen umweltbedingten
Denk-, Sprach- und Erzählformen achten, die zur
Zeit des Verfassers herrschten, wie auf die Formen,
die damals im menschlichen Alltagsverkehr üblich
waren.*[66]

Diese Empfehlung richtet sich natürlich besonders an professionelle Exegeten, aber sie gilt in einem gewissen Maße
uns allen. Wenn wir keine Schwierigkeiten scheuen, um die
Integrität des biblischen Sinnes zu wahren, ist das ein sicheres Zeichen, dass wir ehrlich bemüht sind, Gottes Wort
zur Mitte unseres Lebens zu machen.

Wechselseitige Bezüge. Wenn wir Bibel durch die Bibel
auslegen, ist das oft eine Erkenntnishilfe. Es bedeutet, Texte im Licht ähnlicher Texte zu lesen. Dabei hilft ein gutes Gedächtnis oder zumindest eine biblische Konkordanz.
Eine solche zitiert alle Texte, in denen ein bestimmtes Wort
vorkommt. Auf diese Weise können wir Texte berücksich-
tigen, die mit dem zu tun haben, was wir gerade lesen.
Etwas Vorsicht ist jedoch geboten, denn jede Konkordanz

beruht auf einer bestimmten Übersetzung. Wenn wir eine andere Übersetzung verwenden, finden wir das gesuchte Wort nur mit etwas Fantasie.

Theologische Synthese. Es gibt ganze Regale mit Büchern über „biblische Theologie", von denen freilich nicht alle gleich wertvoll sind. Doch können die meisten auf die Bedeutung einzelner Themen hinweisen und helfen, mit einer auf die Ganzheit der Offenbarung eingestimmten Haltung an die Texte heranzugehen. Was wir lesen, hat seinen bestimmten Platz in der Geschichte. Diese Geschichte zu kennen und zu wissen, wohin sie führt, gibt uns ein Gespür für die authentische Botschaft des betreffenden Textes.[67]

Exegetische Methoden. Die Kunst der Exegese (oder der Erklärung eines biblischen Textes) verlangt, dass wir die Ergebnisse aus den oben genannten Methoden zusammensehen und uns dadurch eine gut begründete Ansicht über die Bedeutung eines Textes bilden. Sie scheut sich nicht, Begriffe wie „möglicherweise" oder „wahrscheinlich" zu gebrauchen. Immer, wenn neue Fakten auftauchen, ist sie bereit sich darauf einzustellen. Professionelle Exegeten müssen sich darum bemühen, nicht nur Fakten, sondern auch Ansichten ihrer Kollegen abzuwägen. Wir lesen zu unserem eigenen Nutzen und können uns oft mit einem eher allgemeinen Wissen zufrieden geben. Dabei besteht die Gefahr, dass wir uns aus Mangel an Zeit und Energie keine Gewissheit über den Wortsinn der Bibel verschaffen und in der Folge unser Wissen nicht auf das Leben anwenden. Wir müssen aufgrund unserer Möglichkeiten und unserer persönlichen Lage entscheiden, wie viel Zeit wir dem Studium und der betenden, auf das Leben bezogenen Reflexion widmen wollen.

Falls wir etwas Zeit zum Lesen eines Vers um Vers erklären-
den Kommentars haben, gibt es zwei Möglichkeiten. Erstens gibt es einbändige Kommentare, die die ganze Bibel
erklären.[68] Ihre Autoren sind meist Spezialisten auf ihrem
Gebiet und haben schon größere Werke verfasst. Sie behandeln alle wichtigeren Themen und geben auf die meisten Fragen eine Antwort. Weil solche Kommentare aber
sehr Vieles behandeln, kommen einzelne Punkte nur kurz
zur Sprache. Auch Lexika sind praktisch, doch gehen ihre
Erklärungen nicht genügend ins Einzelne und geben uns
nicht die Anregung, nach der wir suchen. Dies gilt auch
von den „Einleitungen" zur Bibel. Die Informationen sind
zu spärlich, als dass sie viel bringen würden. Wenn wir nur
über das eine oder andere Buch etwas wissen wollen, bieten spezialisierte Darstellungen mehr.

Wenn uns anderseits ein Buch besonders interessiert, können wir versuchen, einen guten, von einem Fachmann ge-
schriebenen Kommentar zu finden – einen, den Fachleute
lesen, den aber auch Nicht-Spezialisten verstehen können.
Es kommen da viele in den letzten Jahrzehnten publizierte
Monographien und Kommentare in Frage.[69] Auch jemand,
der die Bibel lehrt, oder ein gut informierter Buchhänd-
ler kann uns auf Werke hinweisen, die unseren Wünschen
entgegenkommen.[70] Seien Sie nicht überrascht, wenn es
in diesen Werken Dinge gibt, die wir bedenkenlos überspringen können: ungewohnte Fußnoten, unterschiedliche
Experten-Meinungen und nie endende Diskussionen über
sprachliche Fragen. Wir müssen vielleicht schwer schlu-
cken, wenn wir auf griechische und hebräische Wörter stoßen – obschon heutzutage die meisten Autoren sie in die
eigene Sprache übersetzen und nicht voraussetzen, dass
wir schon alles wissen, worüber sie schreiben. Es braucht

tatsächlich Geduld. Aber wenn wir sie aufbringen, werden wir oft erfahren, dass unser Wissen größer wird, sodass wir das betreffende biblische Werk schließlich in einer Atmosphäre des Gebetes lesen und die Früchte unserer Bemühungen ernten können. Je besser unsere eigene berufliche Ausbildung ist, desto mehr müssen wir uns ein vergleichbares biblisches Wissen aneignen. Wenn wir im eigenen Beruf viel wissen, wird ein Wissen auf der Stufe der Volksschule die Intelligenz nicht genügend anregen.

So können sich Leser, die sich ein Leben lang mit der Bibel ernsthaft befassen wollen, irgendwann gedrängt fühlen, eine Anzahl Bücher anzuschaffen, die helfen, die Bibel besser zu verstehen.[71] Solche Werke sollten nicht nur die Wände schmücken; wir sollten sie so oft wie möglich benutzen und mit ihnen vertraut werden. Je leichter wir einen Zugang zu ihnen finden, desto wahrscheinlicher werden wir sie konsultieren, wenn wir Fragen haben. Was die wissenschaftlichen Hilfsmittel betrifft, wird sich ein Fachmann mit den neuesten Entwicklungen auseinandersetzen müssen. Für jene unter uns, die die Exegese mehr im Sinne von „do-it-yourself" betreiben, werden einige Nachschlagewerke ein Leben lang genügen. Wenn sie auch nicht auf dem letzten Stand des Wissens sind, so wird das durch unsere Vertrautheit mit ihnen bei weitem ausgeglichen.

Statt eines Regals von Büchern ziehen wir vielleicht eine Bibelausgabe mit Anmerkungen vor. Sie wird uns bei der biblischen Lektüre mit viel zusätzlichem Wissen versorgen.

Bei diesen vorbereitenden Studien kann es hilfreich sein, zwei Übersetzungen miteinander zu vergleichen. Wenn es uns wirklich ernst ist, können wir eine Ausgabe mit mehreren, nebeneinander stehenden Übersetzungen anschaffen.[72] Wir bekommen so eine Ahnung von den möglichen Bedeutungen eines Textes, ohne dass wir zusätzlich Bücher und Seiten wälzen müssen. Das hilft beim Studium, eignet sich aber vermutlich nicht so gut für die *lectio divina*.

Abgesehen von solchen Standardwerken gibt es andere Möglichkeiten, um mit einem Text vertraut zu werden. Manche lesen ein Buch sehr schnell, gehen dann zum Anfang zurück und lesen das Ganze in einem gemächlicheren *lectio*-Tempo noch einmal. Manchmal zeigen Lehrer „Wanderwege" durch ein bestimmtes Buch. Wie Wege, die durch ein schönes Wandergebiet führen, uns helfen, ein großes Gebiet zu erkunden und vieles zu sehen, ohne unbedingt alles sehen zu müssen. Diese „Wege" können von Themen, Ereignissen oder literarischen Besonderheiten ausgehen. Wenn wir uns mit solchen wechselseitigen Bezügen auseinandersetzen, werden wir mit Eigenart und Inhalt des betreffenden Buches schon recht vertraut. Mit diesem Wissen an die *lectio* heranzugehen, macht es leichter, den ursprünglichen Sinn und das Umfeld eines bestimmten Textes zu beurteilen. Dieses vorgängige Sich-Vertrautmachen bringt in dem Sinne Früchte, dass wir einen Text in seiner Ganzheit besser lesen und ehrfürchtiger betrachten.

In diesem Abschnitt haben wir über Strategien gesprochen, die helfen können, den biblischen Text tiefer und genauer zu verstehen. Sie sind insofern hilfreich, als sie uns in besseren Kontakt mit der Heiligen Schrift bringen. Sollten uns die verschiedenen Mittel aber eher ablenken und vom persönlichen Lesen eines Textes abhalten, erfüllen sie ihren Zweck offensichtlich nicht und dienen nicht der *Vorbereitung* auf die geistliche Lesung. Das Bemühen, den Wortsinn der Bibel zu finden, hat seinen Platz. Aber noch wertvoller ist es, wenn es der persönlichen Begegnung mit dem

Wort Gottes dient. Das vorbereitende Studium kann uns viel geben und diesen Kontakt erleichtern – auch jenen, die sich eigentlich nicht als Studenten verstehen.

Bewusstheit

Unsere geistliche Lesung wird von dem geprägt, was wir mitbringen – von unserer persönlichen Heils-Geschichte, unserem ehrlichen Glauben und unserem Gehorsam. Im letzten Abschnitt haben wir von den vorbereitenden Arbeiten gesprochen, die uns helfen können.

All diese Elemente kommen zusammen in den Mixer, und wenn wir die Starttaste drücken, sind sie es, welche die Qualität dessen ausmachen, was herauskommt. Am anderen Ende der *lectio* stehen Tun und Ergehen. Ob die geistliche Lesung Frucht bringt, hängt nicht nur davon ab, was in den Prozess eingebracht wird oder was vor dem geöffneten Buch geschieht. Manches hängt davon ab, was wir mit dem anfangen, was wir aufnehmen. Der Same des Wortes bringt reiche Frucht, wenn er im guten Boden weiter genährt wird. Im traditionellen Verständnis dieses Prozesses ist es das Gedächtnis, das als Empfänger des Wortes dient und als Instrument, durch welches das Evangelium das Verhalten beeinflusst. Gottes Wort wird in unserem Leben Mensch und ist Teil des Dialogs. Diese Initiative bittet um eine Antwort, und nur wenn wir diese geben, zeigt unser Herz, dass wir gern Kontakt aufnehmen. Wir haben keine Garantie, dass wir das Gesagte gleich verstehen, vor allem dann, wenn die Botschaft unsere gewöhnlichen Wahrnehmungen in Frage stellt. Wie ein schwieriges Buch, das wir kennenlernen möchten, verlangt auch Gottes Wort oft

Ausdauer. Wir müssen uns länger Zeit nehmen, uns an eine neue Perspektive anpassen und den Sinn dessen, was unser momentanes Verstehen übersteigt, nicht leichthin wegstecken. Lassen wir stattdessen Gottes Wort in unser Gedächtnis eindringen, und geben wir uns selber die Chance, vor seinen ungewöhnlichen Forderungen nicht zurückzuschrecken und dafür die Kraft zu schätzen, mit der es uns zum Leben führt.

Das Gedächtnis ist die Brücke zwischen dem Hören des Wortes und dem Umsetzen in die Praxis. Viele Texte des Buches Deuteronomium zeigen das.[73] Der Schlüssel zur momentanen Lebenskraft ist das Wissen um die Vergangenheit. Das aktive Bemühen um eine lebendige Erinnerung an das Wort Gottes (Deuteronomium 6,1-9; 11,18-28) hilft uns, aufmerksam zu sein und aus der Erfahrung zu lernen (4,9-10). Der Mangel an Freiheit hat damit zu tun, dass wir uns von unmittelbarer Beeinflussung nicht distanzieren können. Darum ist jedes Bemühen um eine weitere Sicht befreiend (4,39-40). Wenn wir uns an das erinnern, was wir in schwierigen Zeiten gelernt haben, können wir die Wiederholung dieser Erfahrung vermeiden (8,1-6). Wenn wir uns unserer Geschichte bewusst sind, die Schuld (9,6-8) und Positives (14,1-2) umfasst, führt uns die Vergangenheit zu einem richtigen Umgang mit der Gegenwart. Das Wort bleibt uns nahe und führt zu einer freien, erwachsenen Entscheidung (30,1-5.11-20). Statt uns dem Schicksal auszuliefern, können wir so zwischen Segen und Fluch selber wählen (28,9-11; 15,47-48).

Auf das Gedächtnis (die Erinnerung) wird in der heutigen Erziehung weniger Wert gelegt als in der ersten Zeit des 20. Jahrhunderts. In der Folge fehlt es unserer Wahrnehmung der Gegenwart oft an Tiefe. Wer aus den Fehlern der

Vergangenheit nicht lernt, muss diese Fehler wiederholen. Und doch wird die Erinnerung (oder die Tradition) von links und rechts bedrängt. Die Linke greift sie an, weil die Vergangenheit mit konservativen Kräften identifiziert wird. Man versteht sie nach Margret Mead als etwas „Zwanghaftes" und nicht als etwas „Instrumentales".[74] Die Vergangenheit zwingt uns ihre eigene Sicht auf die momentane Situation und auch die Antwort auf, und so wird die Entwicklung gehemmt. Anderseits wird die Erinnerung von der Rechten verworfen, weil sie möglicherweise subversiv wirkt, wenn man das Heute mit ihr vergleicht. Die Erinnerung eröffnet daher eine andere Zeit. Sie relativiert die Gegenwart und kann so eine Alternative zu augenblicklichen Ideologien sein – wohl deswegen spricht der Theologe Johann Baptist Metz von der „gefährlichen Erinnerung an Jesus Christus".[75]

Wenn wir das Gedächtnis als Möglichkeit sehen, uns auf geistliches Wachstum einzulassen, ist wohl auch mit einem gewissen Maß an unbewusster Opposition zu rechnen. Das Gedächtnis ist eben mehr als nur die Fähigkeit, sich an Informationen zu erinnern. Das, woran man sich erinnert, ist für uns anwesend und Teil unseres Lebens, gerade so wie die Erinnerung an einen geliebten Menschen alles, was wir tun, begleiten kann. Das meinte Jesus, als er von „wohnen" oder „bleiben" sprach (Johannes 8,31; 15,7).[76] Wenn wir in der Gegenwart Gottes leben, verändert sich unser Verhalten und bringt unserer Erfahrung etwas qualitativ Neues. Das Gedächtnis ist ein dynamisches Element im Prozess der Umkehr. Vielleicht wehren wir uns deshalb dagegen. Schon zur Zeit des Deuteronomiums waren viele weise Menschen der Ansicht, dass das *Vergessen*, vor allem das Vergessen Gottes, die grundlegende Verirrung des menschlichen Geistes sei.[77] Der Weg zurück zu Gott, den das Gleichnis vom Verlorenen Sohn darstellt (Lukas 15,11-32), beginnt damit, dass wir uns bewusst machen, wer wir sind und wie sehr uns der Vater liebt.

Die geistliche Lesung dient nicht nur dem Jetzt. Wir lesen mit dem Ziel, unser Leben nach dem Evangelium auszurichten – wie wir nicht nur essen, um uns am Geschmack der Nahrung zu freuen, sondern um den Leib zu nähren und genügend Kraft zur Verwirklichung unserer Pläne zu bekommen. Wenn *lectio divina* über die kurzen Momente hinaus, da wir sie halten, nichts bewirkt, lohnt sie sich kaum. Sie bewegt sich dann auf dem Niveau frommer Selbstbefriedigung.

Die Theorie ist leicht verständlich. Die Praxis ist wie immer schwieriger. Warum, so frage ich mich, bleibt mir das Gelesene nicht besser im Gedächtnis? Warum öffne ich mein Leben nicht einfach dem Wort Gottes? Mir scheint, es gibt dafür mehrere, sich überschneidende Gründe.

Unaufmerksamkeit. Wenn wir unregelmäßig und gedankenlos geistliche Lesung halten, werden die Worte kaum die Kraft haben, unsere übliche Selbstgefälligkeit zu erschüttern. Wir gewöhnen uns daran, dem Text nur geringe Aufmerksamkeit zu schenken. In diesem Kapitel haben wir über die verschiedenen Arten von Bedeutung gesprochen. Wenn wir an der Oberfläche bleiben, mag es passieren, dass zwischen dem Text und dem, was sich in unserem Leben gerade abspielt, keine Begegnung zustande kommt. Folglich bleibt die Bibel bloßes Wort. Wir lesen Texte, sie bewegen sich leichthin über die Oberfläche unseres Verstandes und verschwinden auf Nimmerwiedersehen. Wenn wir sie nicht anhalten und mit ihnen in ein Gespräch eintreten, werden uns auch die heiligsten Texte der Schrift nicht bewegen und nicht verändern. Im nächsten Kapitel werden wir über praktische Wege sprechen, uns mit dem zu befassen, was wir lesen.

Hartherzigkeit. Das Wort Gottes wird in unserem Gedächtnis nie etwas bewirken, wenn wir unaufmerksam sind und nicht auf das Wort achten. Das gleiche Resultat zeigt sich, wenn wegen unserer defensiven Haltung nichts durch die harte Schale des Herzens eindringen kann, das nicht zu Besserung gewillt ist. Was nicht hineingeht, kann nicht behalten werden; was nicht behalten wird, daran kann man sich nicht erinnern. Die Mahnung von Psalm 95 (94) gilt uns allen: „Wenn ihr heute Gottes Stimme hört, verhärtet eure Herzen nicht."

Die Möglichkeit der Herzensverhärtung ist besonders groß, wenn wir uns nur routinemäßig mit der Schrift befassen. Wir lassen die Worte wie Öl an uns ablaufen. Wir hören die Schrift zwar immer wieder, aber sie bewirkt nichts. Wir sind z.B. mit den Worten Jesu von der Vergebung vertraut, aber sie haben nichts mit unseren konkreten Konflikten zu tun. Wir verteidigen uns gegenüber jeder Botschaft, die uns die Gnade der Umkehr vermitteln möchte, und rechtfertigen unser unchristliches Verhalten. So ist Gottes Wort tatsächlich wirkungslos.

Viele machen die Erfahrung, dass die *lectio divina* oft zu einer späteren Tageszeit zum Gebet führt. Das geschieht aber nur dann, wenn ihr Inhalt an den Rändern des Bewusstseins gegenwärtig bleibt, bereit, bei Gelegenheit einzutreten. Wenn wir uns andererseits nicht an das Gelesene erinnern, ist das oft eine Weise, um uns vor dem Ruf zur Rückkehr zu Gott zu schützen. Ein gewisses Maß an Bereitschaft, unser Leben zu erneuern, muss vorausgehen, dann folgt das Gebet. Offen zu sein für die Einladung zur Vereinigung mit Gott, kann nicht von der Bereitschaft getrennt werden, das tägliche Tun vom Wort Gottes richten zu lassen.[78] Die Weigerung, uns treffen zu lassen, hat Herzenshärte zur Folge. Diese steht im Gegensatz zur Zerknirschung, von der im ersten Kapitel die Rede war. Die Zerknirschung hilft, uns des Gotteswortes bewusst zu sein und führt zum Gebet; die Herzenshärte führt zur Vergesslichkeit und trennt uns mehr und mehr von Gott, von der Erneuerung des Lebens und endlich von unserer eigenen Wahrheit.

Blindheit. Wenn wir ehrlich sind, kennen wir das eigene Leben und die Wirklichkeit nur eingeschränkt. Wir meinen es gut, aber die Fähigkeit zur Selbsterkenntnis ist verkümmert. Unbewusst nehmen wir aus verschiedenen Gründen gewisse Seiten unseres Verhaltens nicht wahr, die andere Menschen sofort als unvereinbar mit den Werten, die wir vertreten, erkennen. Der grundlegende Mangel an Selbsterkenntnis wird oft dadurch verstärkt, dass wir uns weigern, dem Rat anderer zu vertrauen. Er erweist sich in unserer Unfähigkeit zu spüren, wann die Schrift konkret auf unser Leben anwendbar ist. Stattdessen meinen wir, ihre Botschaft sei für andere bestimmt. Wir unterdrücken ihre Bedeutung für das eigene Leben und projizieren auf andere, was wir selber nicht zugeben wollen. Dabei fühlen wir uns sicher und bleiben „heil-los". Die Propheten und die Evangelien sprechen öfters davon. Es reicht nicht, das Wort nur zu hören, wir müssen uns selber in die Botschaft einbringen. Wir nehmen uns den Inhalt der *lectio divina* nicht zu Herzen, weil wir uns selber nicht kennen. Vielleicht sind wir blind, vielleicht aber von einer unbestimmten Vorahnung erfüllt, die uns einfach Angst macht, die Augen zu öffnen.

Bedeutungslosigkeit. Zu gewissen Zeiten ordnen wir unser Leben so genau, dass wir für neue Perspektiven nicht mehr offen sind. Wichtig ist uns, was uns bei unseren momentanen Problemen hilft; alles andere hat für uns weniger Bedeutung. Wir schieben viele wichtige Fragen auf die lange Bank, weil wir das Gefühl haben, wir müssten uns mit ihnen nicht gerade jetzt abgeben. In der Folge fehlen uns die Voraussetzungen für entscheidende Einsichten. Vielleicht hören wir das Wort und verstehen es auf der intellektuellen Ebene. Weil wir es aber nicht mit uns tragen, bauen wir keine Brücken zwischen dem Text und unserem Alltag. Nicht alles ist von unmittelbarer Bedeutung. Manchmal müssen wir im Inneren zwei offensichtlich verschiedene Themen gegeneinander abwägen, bis zwischen ihnen etwas wie eine Verbindung entsteht. Mit einem Mal ist dann der nächste Schritt klar. Es braucht Zeit, und wir müssen dafür bereit sein, dass das Wort Gottes unser Leben für einen Moment durcheinander bringt. Wenn wir mit diesem göttlichen Chaos leben können, entstehen daraus schließlich Regelmäßigkeit und Harmonie. Nicht weil wir etwas verleugnen oder unterdrücken, sondern weil wir uns mutig bemühen, uns von allem zu trennen, was mit der Nachfolge Christi unvereinbar ist.

Die fehlende Erinnerung an das Gelesene ist oft mehr als nur harmlose Zerstreuung oder „Vergesslichkeit". Sie kann ein Hinweis sein, dass der grundsätzliche Lebens-Elan mit der Glaubenspraxis nichts zu tun hat. Wir mögen versuchen, mehr als nur „Sonntags-Christen" zu sein, aber wir nehmen die Folgen nicht auf uns: das ganze Leben ständig vom Evangelium bestimmen zu lassen. Wir hoffen, dass wir eine kleine Portion heidnischen Territoriums für uns selber behalten können, wo wir uneingeschränkt regieren können. In diesem Fall haben wir wohl das treffende Wort von Johannes vom Kreuz vergessen: *„Ein Vogel kann durch eine feine Schnur wie durch eine mächtige Kette zurückgehalten werden."*

Bewusst zu leben heißt nicht schon, vollkommen zu werden. Dazu gehört ein Wissen um die Wahrheit unseres Seins, so klein und bruchstückhaft es auch ist. Wenn wir uns das bewusst machen, können wir unsere schwachen Kräfte einsetzen, nicht um uns selber großartig zu bessern, sondern indem wir versuchen zu erkennen, wohin uns Gottes Gnade führt, um dann diesem Impuls zu folgen. Wenn jeder unserer Schritte Gottes Wahl entspricht, wird das möglich und fruchtbar sein, wenn auch nicht unbedingt so, wie wir uns das vorstellen. Wir müssen vielleicht für Jahre im Zustand der Unzufriedenheit mit uns selber leben, aber das ist eben der Preis, den wir bezahlen, wenn wir uns ganz Gottes Wirken überlassen wollen.

Unsere Lesung stellt einen ersten Kontakt mit Gottes Wort und Willen her. Wenn diese Beziehung zum Blühen kommen soll, müssen wir die Schranken niederbrechen, die wir zwischen Gott und bestimmten Bereichen unseres Lebens aufgerichtet haben. Wir sind eingeladen, wie Maria, die Mutter unseres Herrn, das Wort im Herzen zu bewahren und zu bedenken (Lukas 2,19). Es geht nicht nur darum, mit der harten Wahrheit zu leben, dass wir uns keine Illusionen machen sollen. Bewusstheit heißt auch, ernsthaft über die positiven Elemente des Glaubens nachzudenken und uns von ihnen formen zu lassen. Die Folge ist ein von Hoffnung und Freude geprägtes Leben. Wie immer spricht Bernhard von Clairvaux das klar und deutlich aus:

So rate ich euch, meinen Freunden, euch von einem verwirrten und ängstlichen Nachdenken über euren Fortschritt abzuwenden, auf einfachere Wege auszuweichen und an das Gute zu denken, das Gott getan hat. Statt traurig zu sein, weil ihr an euch selber denkt, findet ihr in der Hinwendung zu Gott Trost ... Der Schmerz um die Sünde ist notwendig, aber er sollte nicht ständig im Vordergrund stehen ... Ganz im Gegenteil sollte er durch die glückliche Erinnerung an Gottes Großzügigkeit ausgeglichen werden, damit sich das Herz nicht durch zu große Traurigkeit verhärtet und so in Verzweiflung endet.[79]

Sich an Gottes Wort zu erinnern ist zugleich Trost und Herausforderung und führt unzweifelhaft zum Glück, weil das Wort letztlich immer eine Gute Nachricht ist. Die Erfahrung lehrt uns, dass wir die Botschaft der Schrift in uns bewahren und öfters bedenken müssen, weil wir nur so ihre ganze Süßigkeit schmecken können. Wenn wir die Übung der *lectio divina* abbrechen und sie als beendet betrachten, weil wir das Buch schließen, werden wir mit großer Wahrscheinlichkeit wenig davon profitieren.

Ein letzter Gedanke zum Thema Bewusstheit kommt vom Mönchsvater Johannes Kassian. Wenn wir uns über etwas aufregen, hat diese Unruhe ihren Grund oft darin, dass es uns bei der Beurteilung einer Sache an Ausgewogenheit mangelt. Wir schreiben einem Ereignis oder Nicht-Ereignis zu große Bedeutung zu und die sich daraus ergebende Unruhe ist größer als nötig. Wir haben keine Kontrolle über unsere Reaktion. Von dieser instinktiven Tendenz, unsere Probleme zu übertreiben, können wir loskommen, wenn wir alles im Licht der grundlegenden Prinzipien unseres Glaubens sehen. „Alle Dinge wirken zusammen zum Wohl derer, die Gott lieben... Wenn Gott mit uns ist, wer kann dann gegen uns sein?" (Römer 8,23.31). Wir dürfen uns nicht von unwichtigen Dingen überschwemmen und zur Verzweiflung treiben lassen. Gottes Liebe zu uns und der Sieg Christi sind Tatsachen, an die zu denken sich lohnt. Johannes Kassian sagt:

Zu jeder Stunde und in jedem Moment halten wir den Boden des Herzens für den Pflug des Evangeliums offen, das heißt in der ständigen Erinnerung an das Kreuz Christi. So können wir die Wunden, die uns wilde Tiere und die Bisse von giftigen Schlagen zufügen, vermeiden.[80]

Mit anderen Worten: An die Gute Nachricht von Jesus Christus denken hilft, uns nicht überwältigen zu lassen, wenn das Leben abnimmt und schmerzt – was jedes menschliche Leben ausmacht. Indem wir an die Offenbarung denken, wenden wir uns aktiv gegen Enttäuschung und Verzweiflung. So können wir uns mit neuer Kraft dem widmen, was wir glauben, ohne im Guten zu ermüden.

4. Die Praxis der *lectio divina*

Von der Praxis der geistlichen Lesung habe ich schon in einem früheren Buch *Auf Gott hin* (*Toward God*) geschrieben. Hier möchte ich noch auf weitere Einzelheiten eingehen und über mögliche Schwierigkeiten sprechen, wenn wir dieser Praxis über Jahre hin treu bleiben. Vieles von dem, was zu Beginn dieses Buches über die Zeit für die *lectio divina* gesagt wurde, über die Aufmerksamkeit während und über die Erinnerung nach der Lesung, ist für die Praxis wichtig. Für den Moment möchte ich aber die allgemeinen Überlegungen beiseite lassen und im Folgenden eine typische Situation vorstellen, aus der wir lernen können.

Vermutlich folgt niemand solchen Vorschlägen in allem. Das ist auch nicht nötig. Das Buch dient dem Nachdenken, es ist kein Rezeptbuch. Was ich schreibe, muss mit der eigenen persönlichen Erfahrung in Einklang gebracht werden und den eigenen Möglichkeiten entsprechen. Den praktischen Ratschlägen anderer Leute gegenüber empfiehlt sich eine ausgewogene Meinung. Einerseits müssen wir den verschiedenen Möglichkeiten gegenüber offen sein, nicht nur wegen der sich ändernden persönlichen Bedürfnisse, sondern auch weil wir uns im Laufe des Lebens immer neuen Umständen anpassen müssen. Wir haben keine Garantie dafür, dass das, was gestern richtig war, auch morgen richtig sein wird. Anderseits ist es gut, der eigenen Erfahrung zu vertrauen und uns unsere gute Verfassung nicht von unbegründeten Unsicherheiten nehmen lassen.

Die Theorie in die Praxis übersetzen

Wer beim Lesen des vorliegenden Buches bis hierher aus-gehalten hat, hat vielleicht schon begonnen, Entscheidun-gen zu treffen, welche das Bemühen um die geistliche Le-sung erleichtern. An solche Entscheidungen erinnern wir uns aber später wohl nicht besonders gut, und wir setzen sie selten in die Praxis um. Je allgemeiner und umfassen-der eine getroffene Entscheidung ist, desto weniger bringt sie etwas. In diesem Sinne ist es besser, mit etwas ganz Einfachem anzufangen.

Auf der Grundlage der im ersten Kapitel dargelegten Prin-zipien ist es am besten, für die geistliche Lesung eine kurze Zeitspanne zu bestimmen – und diese notfalls genau fest-zulegen. Das Wichtigste ist, dass wir realistisch bleiben. Sich ein Leben lang dem Wort Gottes auszusetzen gleicht eher einem Marathonlauf als einem kurzen Sprint. Es ist besser, unvollkommen anzufangen, als den Entschluss ständig aufzuschieben. Es ist besser, täglich fünf Minuten mit geistlicher Lesung zu verbringen und dabei zu bleiben, als langfristige Pläne zu machen und dann keine Zeit zu finden. Der Elan wird wachsen und mit dem Vertrauen, das aus dem Erfolg erwächst, können wir erfahrungsgemäß unsere Taktik ändern.

Wenn die Schriftlesung in unserem Leben Vorrang haben soll, ist es absolut notwendig, uns regelmäßig für eine ge-wisse Zeit und absichtslos der *lectio* zu widmen. Ein Wort der Warnung an jene, die beruflich mit der Bibel zu tun ha-ben: Versuchen Sie nicht, beides zu vermengen. Wer pre-digen, die Bibel lehren oder studieren muss, darf nicht das berufsbedingte Lesen an die Stelle der persönlichen, privaten Lesung setzen. Auch nicht umgekehrt. Es gibt zweifellos Überschneidungen, aber die Eigenart jeder Übung muss bewahrt werden. Ins Studium hinüberzuwechseln kann dem Text seine Herausforderung nehmen. Eine andere Versuchung besteht darin, aus einer anfänglichen Einsicht etwas Marktgerechtes zu machen – dieses Nützlichkeitsdenken kann mich daran hindern, längere Zeit beim Text zu verweilen und tiefer in ihn einzutauchen. Andererseits erlauben mir die Erfordernisse der objektiven Auslegung nicht, Dinge, die unwichtig und persönlich sind, in die für andere bestimmte Auslegung oder Anwendung einfließen zu lassen. In beiden Fällen lesen wir die gleiche Bibel, aber wir verlieren das der *lectio divina* angemessene Verhalten, wenn wir es nicht bewusst pflegen.

Es gibt viele praktische Anweisungen, die es wert sind, bedacht zu werden. Sie können den geistlichen Charakter der *lectio* betonen. Es lässt sich im Voraus sagen, dass Methoden, welche die Meditation erleichtern, oft eine gute Hilfe sind, wenn es gilt, die Meditation der Bibel in unser Leben einzubauen. Ich bitte um Verzeihung, wenn die folgenden Punkte selbstverständlich scheinen; aber ich beobachte, dass oft die einfachen Dinge das Ergebnis unseres Bemühens verändern.

Umgebung. Wenn Sie Ihre *lectio divina* in einem Umfeld halten, das mit anderen Aktivitäten in Verbindung steht, sollten Sie nicht überrascht sein, dass Sie von Zerstreuungen geplagt werden. Schreibtisch-Arbeiter werden vermutlich die Erfahrung machen, dass die am Arbeitsplatz praktizierte *lectio* von Assoziationen und Erinnerungen an die Arbeit gestört wird. Wenn wir in einem Armsessel lesen, werden wir vielleicht anfangen, uns zu entspannen, was ein Ausmaß annehmen kann, das die ernsthafte Aufmerksamkeit beeinträchtigt. Wenn wir uns der leisen Beeinflussung durch das Umfeld bewusst sind, können wir etwas experimentieren und so einen Ort finden, der die Aufmerksamkeit vertieft und uns einigermaßen vom Herumwandern im Geist befreit.[81]

Die erste Forderung betrifft ein gewisses Maß von Privatheit.[82] Die Evangelien sagen uns, wie viel (Matthäus 6,6). Wir sollen für uns sein, Unterbrechungen vermeiden und Frieden und Ruhe haben. Drei Dinge müssen zusammenstimmen, damit ein solcher Raum zustande kommt: ein geeigneter Ort, eine gute Zeit und die Mithilfe derer, mit denen wir zusammenleben.

Das bedeutet, dass es ein gewisses Maß von Planung und Organisation braucht. Davon zu anderen zu sprechen, mag jene beunruhigen, die nicht gern über geistliche Dinge sprechen, aber es bringt auch deutliche Vorteile. Unsere Absicht mit andern zu besprechen, kann uns helfen, bei der Planung realistisch zu bleiben, wenn es darum geht, unsere Entscheidungen auszuführen.

Die zweite Forderung betrifft das Licht. Für die Meditation ist reduziertes Licht oft gut, *lectio divina* aber braucht genügend Licht, denn nur so lässt sich ein Text bequem lesen. Für manche empfiehlt sich eine Großdruck-Bibel.[83] Manchmal kann ein Buchständer helfen, eine Buchseite im bestmöglichen Winkel und Abstand vor sich zu haben. Jeder Leser muss versuchen, die für ihn beste Lösung zu finden.

Wenn jemand viel Zeit im Sitzen verbringt, kann Lesen im Stehen eine willkommene Abwechslung sein. Wer bewegliche Gelenke hat, setzt sich vielleicht gern auf den Boden.

Der umgebende Raum bekommt so eine neue Qualität. Wir können ihn noch besonders auszeichnen, indem wir auf dem Boden eine Matte oder ein Tuch ausbreiten und eine Kerze, ein Symbol oder eine Ikone dazustellen. So schaffen wir für Lesung und Meditation einen besonderen heiligen Bereich und können danach zum Üblichen zurückkehren.

Vielleicht bemerken Sie auch, dass sich der Geist beim Bereiten des Platzes schon auf das Kommende konzentriert und eine innerliche Gebetshaltung erleichtert. Je ruhiger und bewusster die Vorbereitungen sind, desto einfacher gelingt der Übergang zur Sammlung.

Es gibt noch andere Möglichkeiten, das Umfeld zu gestalten. Frische Blumen, Weihrauch, Duftöle können einem ganz gewöhnlichen Raum eine wohltuende Aura geben. Was ruhige Hintergrund-Musik betrifft, bin ich unentschieden. Sie kann insofern hilfreich sein, als sie uns von der uns umgebenden Geräuschkulisse trennt und so eine Art „weißes Geräusch" wird. Bei der Vorbereitung kann Musik helfen, ruhig und still zu werden. Aber nach meiner Meinung ist es besser, während der geistlichen Lesung Stille zu haben. Für jene, die auf Musik besonders ansprechen, kann diese mehr Zerstreuung bewirken und zum Ersatz für das eigentliche Vorhaben werden. Ich sage das aber nur zögernd, denn Ihre Erfahrung mag Sie zu einem anderen Schluss führen.

Ritual. Für viele ist es eine große Hilfe, Gewohntes zu wiederholen, um Schlaf zu finden. Wenn die Schlafenszeit kommt, schaltet der Geist auf den Autopiloten um und das bewusste, aktive Tun wird reduziert. Der gleiche Prozess hilft oft bei den mit Gebet verbundenen Aktivitäten. Wir beginnen damit, noch nicht abgeschlossene Arbeiten auf später zu verschieben. Das ist die negative Phase, wenn wir uns ins Gebet oder in die *lectio* vertiefen. Wir trennen uns für den Moment von der Arbeit und den Problemen der anderen Tageszeiten. Das ist leichter gesagt als getan, aber es ist nicht unmöglich. Wir machen uns von Gedanken frei und wenden Geist und Herz göttlichen Dingen zu.

Es hilft, Meditation und geistliche Lesung formell oder mit einem gewissen Ritual zu beginnen. Wir nehmen etwa eine bestimmte Körperhaltung ein, machen uns so bewusst, was wir tun, oder wir sprechen ein vertrautes Gebet.

Das Gebet mit einbeziehen. Manchmal ergibt sich während der *lectio divina* spontan ein Gebet. In diesem Fall brauchen wir keine äußere Führung. Zu anderen Zeiten mag uns die Lesung trocken erscheinen. Dann müssen wir den Prozess erst in Gang bringen. Wenn der Text nicht spontan zum Gebet führt, müssen wir uns positiv darum bemühen. Und wenn das Gebet nur langsam aufsteigt, können wir etwas nachhelfen.

Sie können das Gebet am Anfang einsetzen: Bewusst ein Gebet sprechen – und Gott besonders um Hilfe bei der Lesung bitten. Ein frei formuliertes, vertrautes oder ein uns wichtiges liturgisches Gebet.[84] Es gibt auch Alternativen, z.B. die Psalmen. Wir können eine Strophe von Psalm 119 (118) beten, der das Wort preist, das Gott uns schenkt. Vor Beginn der Lesung meditierend zu beten hilft, in uns Freude und Wertschätzung zu wecken und uns so für den inneren Sinn des Textes zu öffnen.

Auch während der Lesung sollten wir nicht vergessen zu beten. Der Text soll in unserem Herzen ein Echo finden, so dass wir selber Teil der Ereignisse werden, die Gegenstand unserer Lesung sind. Manchmal können wir die Worte des Textes direkt auf unsere gegenwärtige Lage anwenden, und das kann uns leicht zum Gebet führen. So können wir uns mit dem Gebet des Zöllners (Lukas 18,13) oder mit dem Schrei der kanaanäischen Frau (Matthäus 15,22) identifizieren. Umgekehrt können aus dem Text Gefühle, Erinnerungen und Wünsche aufsteigen, die sich ganz selbstverständlich mit anderen Worten oder anderen biblischen Texten wiedergeben lassen. So vermögen uns die Worte vom Brot des Lebens (Johannes 6) zum Gebet führen: „Ich glaube. Hilf meinem Unglauben" (Markus 9,24). Natürlich kann es auch vorkommen, dass wir ohne viel zu denken, eine Seite aufschlagen und unvermittelt von kräftigen Bildern überwältigt werden. Wir entdecken Aspekte unserer Gottesbeziehung, von denen wir kaum wussten. Texte wie Jesaja 63-64, Jeremia 20,7-18 oder das Gebet von Azarja (Daniel 3,26-45) können eine kraftvolle Einladung zum Gebet sein und den Eifer neu entfachen. Auf jeden Fall sollten wir die Führung dem Text überlassen, auch wenn wir nicht schon wissen, wo wir schließlich ankommen. Unsere Bereitschaft, uns im Gebet von der Bibel anregen zu lassen, macht die Lesung zu einem dynamischen Element unserer Bekehrung. Ohne Gebet ist die *lectio* weniger *geistlich* und wird zu einem bloßen Lesen.

Wenn sich die geistliche Lesung langsam dem Ende nähert, können wir sie mit dem Gebet des Herrn beschließen, mit einem kurzen Dankpsalm oder mit einem auf dem Text beruhenden Gebet. Das ist einfach und hilft beim Übergang von der Lesung zum Leben.

Aktives Lesen. Wenn aus unserem normalen Lesen ein schnelles Überfliegen von Seiten geworden ist, mit dem Ziel, das „Wesentliche" herauszupicken, müssen wir uns selber neu erziehen und so die geistliche Lesung verbessern. *Lectio divina* ist wie das Lesen von Gedichten: Wir müssen langsam lesen, das Gelesene genießen und aus dem Text Erinnerungen und Assoziationen aufsteigen lassen, die unter der Schwelle des Bewusstseins ruhen. Wir haben uns so sehr daran gewöhnt, schnell und „objektiv" zu lesen, dass wir leicht in diese Gewohnheit zurückfallen, auch dort, wo es bloß um einen „subjektiven" Gewinn geht. Das heißt, wir müssen den besonderen Charakter der geistlichen Lesung unter Umständen ganz bewusst schützen.

In der *lectio divina* gute Gewohnheiten aktiv zu entwickeln heißt, ihre Eigenart zu erhalten. Dabei kann es hilfreich sein, die alte Praxis des lauten Lesens wieder aufzunehmen: Wir sprechen beim Lesen die Worte leise oder sogar laut aus. Das verlangsamt zweifellos das Lesen. Indem wir zum Sehen das Hören hinzufügen und laut lesen, wird unsere Aufmerksamkeit mehr gefesselt und latente Erinnerungen werden aufgerufen. Wir stimmen uns besser auf die poetischen Rhythmen ein, von denen die Bibel voll ist. Für gewöhnlich ist es so auch leichter, Zerstreuung zu vermeiden, ja das laute Lesen macht es dem Verstand fast unmöglich abzuschweifen. Diese Art zu lesen mag etwas seltsam scheinen. Aber wenn Sie es für sich versuchen, werden Sie sich bald von der Nützlichkeit überzeugen.

Eine andere alte Praxis, die Aufmerksamkeit und Gedächtnis fördert, besteht darin, uns besonders ansprechende Texte aufzuschreiben. Dabei geht es nicht darum, etwas abstrakt aus dem Text herauszuholen. Es trennt uns nicht vom geistlichen Lesen und möchte den Text auch nicht nur ausbeuten, um ihm etwas zu entnehmen, was sich dann anderswo gut verwenden lässt. Das Schreiben kann vielmehr so geschehen, dass es Teil der Lesung und nicht etwas künstlich Aufgesetztes ist. Der Akt des Schreibens ist selber Meditation – eine Weise, sich das Gelesene anzueignen. Wenn wir mit Sorgfalt und Ehrfurcht schreiben, bleiben wir länger beim Text und folgen seiner Eigenart. So prägt sich das Wort dem Bewusstsein besser ein und die Chance, dass es auch in Zukunft eine Wirkung auf uns hat, ist viel größer. Wir können den Text auf eine kleine Karte schreiben und diese den Tag über mit uns tragen, oder wir lassen sie an einem Ort, an dem wir sie leicht sehen können. Wie die alten Mönche können wir aber auch ein *Florilegium*, eine „Blütenlese" zusammenstellen, jeden Tag einen oder zwei Verse in ein Buch schreiben und so Texte, die uns wichtig sind, zusammenstellen. So kann die Lesung zu einem „*lectio*-Tagebuch"[85] führen, das die Geschichte unseres Umgangs mit Gottes Wort festhält. Auf zwei Dinge ist dabei zu achten. Erstens meine ich hier das Schreiben von Schrifttexten, ohne Kommentar oder eigene Gedanken. Die letzteren gehören in eine andere Form von Tagebuch. Zweitens ist der Akt des Schreibens genauso wichtig wie das Ergebnis. Wir sollten uns bemühen, bewusst und sorgfältig zu schreiben. Das sollte nie zu einer Routine werden, sondern so etwas wie ein Akt der Achtung und der Demut gegenüber einem Text sein, der begonnen hat, zu uns zu sprechen, und in den wir weiter eindringen möchten.

Geistliche Lesung ist eine Weise, die Zeit mit dem geoffenbartem Gotteswort zu verbringen. Dazu gehört das Nachdenken über den Sinn des Textes, die Anwendung auf die persönliche Situation und die Bereitschaft, sich zum Gebet führen zu lassen. Manchmal hilft es, diese Elemente zu institutionalisieren und uns das Besondere der Übung ins Gedächtnis zu rufen. Wir können mit dem Text wie mit einer Person sprechen, ihm Fragen stellen und in uns hineinhören, um Antworten zu bekommen. Viele Kirchenväter haben das gelegentlich gemacht, um der Schrift ihren Sinn zu entlocken. Wenn der Verstand gern umherschweift, kann ihm diese Übung etwas von seiner Ruhelosigkeit nehmen. Solche „Diskussionsfragen" sind zwar etwas künstlich und nicht immer hilfreich, doch können sie, wenn nichts anderes hilft, den Anfang erleichtern.

Statt Fragen zu stellen, ziehen wir es vielleicht vor, uns Zeit zu nehmen, um ein Gebet zu schreiben, das auf dem gelesenen Text beruht. Wir denken über diesen Text im Rahmen unseres Lebens nach und machen uns gewisse Gefühle und Wünsche bewusst, die wir an Gott richten. Kurz und präzis fassen wir die Erfahrung, die wir mit dem gelesenen Text machen, in ein Gebet, das wir später wieder hervorholen können, um an diese Erfahrung anzuknüpfen. Wie das *lectio*-Tagebuch soll auch das Gebet einfach sein. Wir können uns dabei an das traditionelle, dreiteilige Modell eines liturgischen Gebetes halten:

Anrede an Gott

1. *Thema des Textes (bezieht sich oft auf die Vergangenheit)*

2. *Bitte, die sich aus dem Text ergibt (bezieht sich oft auf die Gegenwart)*

3. *Ausweitung der Bitte (bezieht sich oft auf die Zukunft)*

Abschluss

Zwei Beispiele möge das illustrieren. Wenn wir das Exodus-Geschehen gelesen haben, könnten wir so beten:

O Gott von allem, was lebt,

1. *Als dein Volk hungrig war, hast du es mit Manna genährt.*

2. *Gib uns heute unser tägliches Brot*

3. *und lass unser Vertrauen in deine Vorsehung nie verloren gehen.*

So bitten wir durch Christus, unsern Herrn.

Das Meditieren der Tempelreinigung durch Jesus könnte zu
folgendem Gebet werden:

Herr Jesus Christus,

1. *Dich hat der Eifer für das Haus Gottes verzehrt.*

2. *Reinige deine Kirche von allem, was sie befleckt und
verunstaltet,*

3. *und gib uns ein lauteres Herz, damit wir Gott sehen.*

Denn du bist unser Herr, für immer und ewig.

Abgesehen davon, dass das Schreiben von Gebeten uns
von der Lesung zum Gebet bringt, führt es auch von einer
selbstbezogenen Haltung zu Solidarität. Das Wort Gottes
hilft uns, nicht nur für unsere eigenen Anliegen zu beten,
sondern für alle Söhne und Töchter Gottes Fürbitte einzu-
legen.

Schläfrigkeit vermeiden. Wenn wir schon von praktischen
Dingen sprechen, muss auch gesagt werden, wie wir es
vermeiden können, bei der Lesung in den Schlaf zu fallen.[86]
Wenn wir die *lectio divina* in einer ruhigen Umgebung hal-

ten, werden wir leicht schläfrig, besonders wenn wir müde oder gelangweilt sind. Es gibt da ein paar allgemeingültige Vorsichtsmassnahmen:

- Eine Tageszeit wählen, zu der wir weniger schläfrig sind.

- Sicherstellen, dass die Luft genügend Sauerstoff enthält, damit wir wach bleiben, ein Fenster öffnen, Heizkörper ausschalten.

- Eine nicht zu bequeme Körperhaltung, die dem Wachsein förderlich ist. Oft hilft auch aufrechtes Sitzen.

- Angemessene Zeit für die Lesung. Zu langes Lesen kann ein Grund für Schläfrigkeit sein.

- Zugeben, dass wir nicht *immer* tun können, was uns *manchmal* gelingt; wenn uns die Kraft fehlt, müssen wir realistisch sein.

- Manchmal hilft es, die Lesung zu wechseln – sich zum Beispiel ein anderes Buch vorzunehmen; eine kleine Veränderung kann die Monotonie brechen.

- Wenn keiner dieser praktischen Vorschläge Besserung bringt, kann die Schläfrigkeit tatsächlich passiver Widerstand sein. Wir wollen uns unbewusst nicht dem Wort Gottes widmen. Vielleicht haben wir Angst vor der Umkehr! Wenn das der Fall ist, müssen wir unsere Lage neu anschauen und uns vielleicht von einer Person beraten lassen, deren Weisheit wir schätzen.

Wenn wir nur ab und zu, bei besonderen Gelegenheiten, schläfrig sind, können wir das praktisch unbeachtet lassen.

Wenn es aber regelmäßig vorkommt, lohnt es sich, etwas dagegen zu tun. Für Nickerchen ist die Zeit zu kostbar.

Gemeinsames Lesen. Die alten Mönche machten die Erfahrung, dass gemeinsames Lesen etwas Positives ist, ob dann alle miteinander oder einfach ein paar Mönche für sich am gleichen Ort lesen. Es spricht nichts dagegen, dass Gatte und Gattin, eine Familie, eine Gruppe oder eine Gemeinschaft für eine gewisse Zeit oder ständig mit Formen gemeinsamen Lesens experimentiert.

Eine solche Übung kann verschiedene Grade des Austausches haben, je nach der Vertrautheit der Teilnehmer. Vielleicht halten sie sich einfach am gleichen Ort auf, lesen aber ein je eigenes Buch. Vielleicht beginnen und schließen sie mit einem gemeinsamen Gebet. Gelegentlich mögen sie Gedanken, Gefühle und Wünsche austauschen. die sich aus der Lesung eines oder mehrerer Bücher ergeben.

Gemeinsames Lesen hat seinen Wert, aber es ist nichts Absolutes. Es funktioniert im Blick auf die Beziehung zwischen den Teilnehmern. Wo die *lectio* gefährdet ist, weil Hilfe oder Anregung fehlen, kann ein gemeinsames Vorgehen manchmal eine Lösung bringen. Wenn zwei oder drei im Namen Christi versammelt sind, werden sie mit seiner besonderen Nähe beschenkt. Anderseits müssen die Teilnehmer frei zusammenkommen können. Wer sich unter Druck gesetzt oder gezwungen fühlt, wird aus der Übung wenig Nutzen ziehen. Es besteht die Gefahr, dass ein äußerliches Sich-Anpassen an andere Erwartungen einen innern Aufstand von Phantasie und Gefühlen auslöst, der die gewünschten Ergebnisse gefährdet.

Ob diese Vorschläge im Einzelfall helfen können? – Ich möchte betonen, dass wir uns über die praktische Seite der *lectio divina* Gedanken machen sollten. Oft können wenige grundlegende Vorsichtsmassnahmen einen entscheidenden Unterschied machen, so dass der gute Wille und die Zeit, die wir uns nehmen, lohnende Resultate bringen. Wenn die geistliche Lesung ein Mittel der Begegnung mit Gott ist, werden wir diese Übung aller Wahrscheinlichkeit nach weiterführen. Wenn die Lesung ihren Zweck aber nicht erfüllt, werden wir sie einschränken oder aufgeben.

Wenn Gott zu schweigen scheint

In der Geschichte erfuhren Menschen durch das Wort der Schrift oft auf spektakuläre Weise eine Umkehr. Auch Sie, Leser oder Leserin, haben vermutlich schon erfahren, dass Gott im heiligen Text Licht und Kraft geben kann. Die Bibel entfaltet besonders in der ersten Zeit der Nachfolge eine starke Wirkung, wenn uns die neue Lebensform gezeigt wird und wir von der vertrauten heidnischen Praxis entwöhnt werden müssen. In der ruhigen Landschaft unserer inneren Erfahrung sind solche Momente dramatisch und so wenig voraussehbar, dass sie als etwas Göttliches erscheinen. Es ist, als ob Gott durch solche kleinere Erdbeben unsere Aufmerksamkeit packt und anfängt, unser Leben neu zu formen. Wir erfahren das als eine geistliche Neugeburt oder sogar als Neuschöpfung – weil das geisterfüllte Wort Gottes am Werk ist.

So bezeichnend solche Momente in unserer persönlichen Heilsgeschichte auch sind, für das Leben als solches sind sie nicht typisch. Wenn sich unser Wille ganz dem Leben nach dem Evangelium hingibt, kommt eine neue Dynamik ins Spiel. Wir erfahren ein anderes Gesetz in unsern Gliedern.[87] Das ist ein Beispiel für das, was der englische Schriftsteller Aldous Huxley das „Prinzip der Induktion" nennt: *Alles Positive bringt das entsprechende Negative hervor.*[88] Jedes Bemühen um eine Tugend führt zur Versuchung gegen diese Tugend; jedem Schritt vorwärts folgt der fast unwiderstehliche Drang, rückwärts zu gehen. Praktische Entscheidungen gründen auf einem berechneten Urteil, nicht auf Gewissheit; niemand ist immun gegen Zweifel oder Reue, wo es um mögliche Alternativen geht. Ein Akt der Hingabe ändert unsere Wirklichkeit nicht. Es ist, als ob Wille und Erfahrung unserer totalen innern Wirklichkeit vorausgingen. Sobald wir eine Pause machen und Atem holen, werden wir von der negativen Trägheit (*inertia*) unseres Inneren, das vom Evangelium noch nicht erfasst ist, überrannt. Statt weiter voranzuschreiten, schauen wir zurück und sichern unsere Grundlagen.

Flitterwochen dauern beinahe definitionsgemäß nicht ewig. Das gilt auch von der *lectio divina*, vom Gebet, ja von jedem menschlichen Tun. Die anfängliche Begeisterung weicht einer reiferen Ausgewogenheit des Geistes, bei der es vor allem um das Wachsen in Glauben und Treue geht. Wenn wir voranschreiten, halten wir die geistliche Lesung weniger deswegen, weil wir profitieren möchten, sondern weil wir überzeugt sind, dass es gut ist, nach dem Evangelium zu leben. Der hl. Paulus nennt das *„Gehorsam aus Glauben"* (Römer 1,5; 16,26): eine sehr reife und dauernde geistliche Haltung, die unsere Bereitschaft zeigt, uns nach dem Bild Jesu Christi neu formen zu lassen. Das glauben wir. Auf der Ebene der Gefühle mögen wir mehr die vorausgehende Dekonstruktion erfahren. Es gibt keine billige Gnade, noch kann innere Verdorbenheit dem Auge unseres all-liebenden Chirurgen verborgen sein. Wir können die Wirkung nicht am Trost messen, den das geistliche Tun bringt – nur an ihren Resultaten, und diese liegen in der Zukunft.

Es ist kein schlechtes Zeichen, wenn wir die überschwängliche Lust, die wir zu Beginn der *lectio* empfinden, verlieren. Es ist ein ganz normales Zeichen, dass wir über die Anfänge hinaus sind. An diesem Punkt müssen wir mit zwei Dämonen kämpfen. Zuerst müssen wir uns die Offenheit gegenüber Gottes Wort erhalten und uns ihm regelmäßig und in Treue aussetzen. Zweitens – und das mag eine Überraschung sein – müssen wir unsere eigene innere Wut bekämpfen, da unsere tiefen Widerstände gegen die Offenbarung offen gelegt werden. Wir sind oft erstaunt und verwirrt, wir haben nicht erwartet, dass eine geistliche Übung zur Begegnung mit unseren harten, gegensätzlichen Tendenzen führen kann. Doch führen uns das Wort und der Geist Gottes unwiderstehlich zur Wahrheit. Ein Aspekt dieser Wahrheit ist es, dass sich in uns Vieles der Liebe Gottes widersetzt. Nur wenn wir uns dessen bewusst werden, suchen wir wirklich Gott und öffnen uns dem heilenden Balsam des göttlichen Erbarmens.

So weicht der allzu leichte Zugang zu Gottes Wort dem *„Hunger nach dem Wort"* (Amos 8,11-12). Nicht der tägliche, unser ganzes Tun bestimmende Wechsel, sondern das dauernde Gefühl, dass wir uns von Gott wegbewegen und nicht länger die göttliche Stimme hören können. Schnell sind wir auf falschen Wegen. Wir sind dann versucht, auf die regelmäßige geistliche Lesung zu verzichten und lassen es zu, dass die Intensität unseres geistlichen Lebens abnimmt. Umgekehrt versuchen wir vielleicht, mit Willenskraft und Ausdauer durch die Wand hindurch zu gehen. So werden wir schließlich müde und das Ergebnis ist wenig schöpferisch. Wir brauchen tatsächlich Ruhe und Ausdauer, während wir uns allmählich ändern, und die Überzeugung, dass das Lesen in Ordnung ist. Wir sind einfach in eine neue Phase eingetreten, und wir brauchen Zeit, um uns darin wohlzufühlen.

Es ist, als ob Gott in einer neuen Sprache zu uns spräche. Wir müssen eine Zeitlang einfach ruhig dasitzen und die Worte über uns fließen lassen. Bald zeigt sich im Wirrwarr ein Sinn, ein neues Licht erhellt die Landschaft unseres Herzens. Wir werden neu erzogen, der Geist stimmt sich auf die leisen Harmonien Gottes ein. Was wir als Zusammenbruch dessen empfanden, was wir uns in der geistlichen Lesung bis dahin angeeignet haben, nehmen wir nun als Übergang wahr. Das göttliche Geheimnis ruft uns beständig, über unsere Bequemlichkeit und unsere Grenzen hinauszugehen und unser Herz weiten zu lassen, sodass es Gott besser aufnehmen kann.

Dieser Wechsel lässt sich nur schwer mit einfachen, nüchternen Worten beschreiben. Wie immer ich diesen Übergang beschreiben mag, er ist eine sehr starke Erfahrung. Selber haben Sie ihn wohl weniger spektakulär erfahren. Es gibt da Elemente der Zerstreutheit, der Enttäuschung, der Entmutigung. Man spürt die Neigung, den kürzeren Weg zu gehen und für die geistliche Lesung weniger einzusetzen; während der Lesung steigen Langeweile und Ärger an die Oberfläche, und Rastlosigkeit treibt uns weg. Wir vergessen zu lesen, und vergessen, was wir lesen. Das Gebet wird minimalistisch, und Gott scheint abwesend zu sein. In dieser Situation überrascht es nicht, dass wir in unsere früheren Verhaltensmuster zurückfallen oder zu einer leichten Beute neuer Dämonen werden, die uns aus dem Unbewussten angreifen.

Im 18. Jahrhundert sprach der Dichter William Cowper davon im Lied „Ach, dass ich Gott näher wäre":

Wo sind Segen und Gnade, die ich kannte,
als ich den Herrn erstmals sah?
Wo der Blick Jesu und sein Wort,
die die Seele mir erfrischten?

Cowper spricht hier von einer allgemeinen Erfahrung. So müssen wir uns fragen, *warum* Gott zu schweigen scheint. Nur wenn wir unsere Situation diagnostizieren, kann es ein Heilmittel oder eine Antwort geben. Man hat schon lange erkannt, dass das Gefühl von Müdigkeit (*taedium*) ganz verschiedene Gründe hat. Wenn wir wissen, welche Faktoren in unserem Fall am Werk sind, haben wir eine bessere Chance, etwas zur Änderung unserer Lage zu tun. Ich gebe hier ein paar allgemeine Hinweise.

Schlechte Gesundheit. Eine Krankheit bringt oft das Gleichgewicht des gesamten Organismus durcheinander. Schon eine leichte Grippe kann unsere normalen geistlichen Übungen unmöglich machen. Ernstere und länger andauernde Krankheiten können unsere Bemühungen unterminieren, besonders wenn sie nicht erkannt und ihre Auswirkungen nicht verstanden werden.

In solchen Fällen müssen wir lernen, mit unseren Grenzen zu leben und nicht unnötig gegen sie anzugehen. Wir sollten immer die Möglichkeit in Betracht ziehen, dass unsere Schwierigkeiten mit der *lectio divina* nicht das Ergebnis mangelnder Willenskraft, sondern einer physischen Schwäche sind. Hier müssen wir lernen, die Wirklichkeit positiv anzunehmen. Wenn unsere Aufmerksamkeit nur kurz anhält oder wenn uns die Konzentration schwer fällt, müssen wir es mit kurzen – und vielleicht öfteren – Zeiteinheiten versuchen. Wenn unser Sehvermögen leidet, brauchen wir eine neue Brille, eine Großdruck-Bibel; wir können versuchen, CDs oder Kassetten zu hören oder jemanden bitten, uns vorzulesen. Vielleicht ist auch eine radikale Vereinfachung der Lesung angebracht: Es könnte zum Beispiel besser sein, uns auf die Evangelien zu beschränken. Gottes Wort will uns zum Heil führen. Es sollte daher nie ganz ausfallen, auch wenn es vielleicht etwas Improvisation braucht, wenn unsere Fähigkeiten eingeschränkt sind. Ich besitze nicht die nötige Kompetenz, den Menschen, die an Sprech- oder Schreibstörungen leiden, Empfehlungen zu geben. Ich stelle einfach fest, dass es das gibt, und hoffe, dass sie Fachleute finden, die ihnen geeignete Abhilfen vorschlagen können.

Mangel an Übung. Die meisten von uns leben in einer Gesellschaft, die schreiben und lesen kann. Darum liegt es nahe zu denken, es genüge, Menschen, die sich auf den Weg der geistlichen Lesung begeben, eine Bibel zu geben und sie zum Lesen zu ermuntern. Wir haben vielleicht Vorschläge, was sie lesen sollen, aber wir denken oft nicht daran, dass man ihnen sagen muss, wie sie lesen sollen oder inwiefern sich die geistliche Lesung vom gewöhnlichen Lesen eines Buches oder einer Zeitschrift unterscheidet. In einem gewissen Sinn möchte das vorliegende Buch Abhilfe zu schaffen. Jahrhunderte monastischer Erfahrung haben uns den Nutzen solcher Übungen gelehrt. Lassen Sie sich darauf ein, es könnte Ihnen helfen. Einen Raum zu schaffen, der mit meinem persönlichen Lebensrhythmus übereinstimmt, geht nicht von selber. Unterweisung und

Überlegung sind nötig, wenn wir finden wollen, was uns entspricht. Auch so braucht es geistige Nahrung und Beobachtung, um sicher zu gehen, dass unser Tun nicht zum Selbstzweck wird. Wir sollten unsere Kräfte nicht in erster Linie auf das konzentrieren, was wir tun. Unsere geistlichen Übungen sollten vielmehr mehr und mehr transparent werden, so dass Gott durch sie hindurch scheinen kann.

Mangelnde soziale Harmonie. Gottes Wort ist eins. Es kann nicht gleichzeitig willkommen geheißen und abgewiesen werden. Es geht nicht an, im Gebet und in der *lectio* Christus zu umarmen und ihn in unseren Brüdern und Schwestern zu verachten. Die Botschaft von Matthäus 25 gilt nicht nur für das Endgericht; sie gilt auch für die geistliche Lesung. Wenn es uns nicht gelingt, Christus zu suchen, und wir uns weigern, ihn aufzunehmen, wird sich das auf unsere *lectio divina* auswirken. Wir beten „*Vergib uns, wie auch wir vergeben*" und können es uns deshalb nicht leisten, mit anderen im Streit zu leben. Wenn sich unser Wille nicht um Lösungen und Versöhnung bemüht, fehlt die für die geistliche Lesung erforderliche Grundhaltung und die Früchte der Lesung werden entsprechend mager ausfallen.

Pädagogischer Rückzug. Wie das Gebet, reflektiert auch die geistliche Lesung unser Verhalten. Manchmal müssen wir die Gründe, warum die *lectio divina* zu nichts führt, darin sehen, dass wir Entscheidungen treffen, die uns von Gott wegführen. Ein klarer Akt von Ungerechtigkeit oder Unkeuschheit, der Bruch eines Versprechens, die Weigerung zu gehorchen, oder vorsätzliche Bosheit einem Mitmenschen gegenüber kann Jahre guten Fortschritts zunichte machen. Gott zieht sich von uns zurück und lässt uns das Ausmaß unserer fehlenden Liebenswürdigkeit erfahren. Es ist, als ob Gott seine Beziehung abbrechen würde, um uns zu zeigen, dass er nicht Komplize unserer Sünde sein will. Ein Verhalten, das bewusst nicht Christus entspricht, entfernt uns ganz klar von Gott. Ohne Reue können wir nicht wieder wie zuvor beginnen.

Oft tut uns unser Tun keinesweg leid. Wir nehmen stattdessen zu Rationalisierungen Zuflucht. Wir glauben ehrlich und beteuern wiederholt, dass wir nichts Falsches getan haben.[89] Wenn Gott uns zur Reue führen will, muss er zuerst diese harte Schale unserer Falschheit und Selbstgefälligkeit durchbrechen. Wenn wir nicht lernen wollen, zieht sich Gott zurück und überlässt uns unserem Schicksal.

Ein solcher Rückzug hat ein pädagogisches Ziel und will nicht eine Strafe sein. Der hl. Johannes Chrysostomus bemerkt im Zusammenhang mit dem Gleichnis vom verlorenen Sohn: *„Wenn Worte uns nicht überzeugen, lässt Gott zu, dass wir aus dem lernen, was uns passiert."*[90] In diesem Fall ist das Schweigen Gottes eine eindrückliche Verurteilung eines unheiligen Willensaktes unsererseits. Die neue Erfahrung soll uns helfen, unser wahres Tun zu erkennen und Wege zur Wiedergutmachung zu finden. Wenn wir wie der verlorene Sohn „zu uns umkehren" und anfangen, neue Schritte zu gehen, dann wird Gottes Schweigen zu einem Wort, das Frieden stiftet, uns aufnimmt und ein großes Fest mit uns feiert. Gott verwirft nicht uns, sondern nur das Böse. Wenn wir Abstand nehmen von unserem Tun, nimmt Gott den Bund und die Freundschaft wieder auf.

Zeitliche Variationen. Jedes menschliche Tun kennt unterschiedliche Zeiten. Gottes Zuwendung kennt Zeiten des Sprechens und des Schweigens (Kohelet 3,7). Manchmal weist Gottes Schweigen darauf hin, dass wir nicht hören können. Wie die alten Israeliten haben wir große Angst vor dem Wort und rufen: *„Gott soll nicht zu uns sprechen, sonst müssen wir sterben"* (Exodus 20,19). Wir brauchen Zeit, um uns an die neuen Forderungen zu gewöhnen, die Gott an uns richtet. Wir müssen uns durch unseren instinktiven Widerstand hindurch arbeiten und so den Punkt erreichen, an dem wir in aller Ehrlichkeit sagen können: *„Rede, Herr, dein Diener hört"* (1 Samuel 3,9). Gott spricht nicht, bevor wir bereit sind. Während des Wartens liegt es an uns, zu schweigen und nachzudenken.

Wenn unsere Vertrautheit mit Gottes Wort wächst, wird der Fortschritt ab und zu von qualitativen Änderungen unterbrochen, die oft mit „dunklen Nächten" verbunden sind, wie der hl. Johannes vom Kreuz schreibt. Die Harmonie, die wir erarbeitet hatten, wird zerstört. Unser System funktioniert nicht. Es löst sich auf, und wir bleiben mit dem Gefühl zurück, nichts erreicht zu haben. In dieser verwirrten Lage lernen wir erneut, dass wir von Gott abhängig sind, und beginnen so von neuem. In solchen Übergangszeiten ist Gottes Schweigen noch tiefer, und wir müssen noch länger darin ausharren. Einem noch radikaleren Blickwechsel müssen wir uns unterziehen, wenn wir die leisen Melodien des Geistes hören wollen.

Göttliche Transzendenz. All diese Elemente sind unterschiedliche Erscheinungen zweier gegensätzlicher Tatsachen: Einerseits das Geheimnis Gottes, andererseits die radikale Unfähigkeit des Menschen zu handeln. Die Bibel ist mehr als ein Buch; sie ist die Offenbarung der letzten Wirklichkeit. So unzureichend die menschliche Sprache der Bibel auch ist, wir glauben, dass sie die Selbst-Offenbarung Gottes vermittelt. Wenn wir an die Heilige Schrift herangehen, lesen oder studieren wir nicht ein Buch wie viele andere. Wir werden mit einem Geheimnis konfrontiert, das unseren Intellekt und unsere Fähigkeiten weit übersteigt. Wir stehen nie in dem Sinn über der Bibel, dass wir sie erobern könnten. Das Äußerste ist, uns unter sie zu stellen. *„Empfangt demütig das Wort, das gesät worden ist, denn es hat die Kraft, eure Seelen zu retten"* (Jakobus 1,21). Ohne Demut können wir nicht in Gottes Wort eindringen. *„Gott widersteht den Stolzen und gibt den Demütigen seine Gnade"* (Jakobus 4,6; 1 Petrus 5,5; vgl. Sprichwörter 3,34). Wenn wir wie Hiob erkennen, dass es nichts bringt, uns mit Gott anzulegen, können wir anfangen, *„in Sack und Asche Buße zu tun"* (Hiob 42,6). An diesem Punkt sind wir wohl am offensten, um von Gott den vollen Umfang der Offenbarung zu empfangen.

Dies sind die Hauptgründe, warum Gott bei der Schriftlesung zu schweigen scheint. Für einige gibt es einfache Lösungen, andere verlangen Mühe und Geduld. Wir müssen uns bewusst sein, dass uns das Schweigen bei der Lesung begleitet, und seine Gründe differenziert beurteilen.

Noch ein Grund für die Unfähigkeit, der Lesung eine Botschaft zu entnehmen, ist hier zu nennen. Er ist so wichtig, dass er einen eigenen Abschnitt verdient: Wir können Gott nicht hören, weil in uns zuviel Lärm herrscht.

Innerer Lärm

Einiges von dem, was hier gesagt wird, überschneidet sich mit früher Angesprochenem oder findet sich in einem anderen Teil dieses Buches. Um der Klarheit willen mag jedoch eine Wiederholung angebracht sein. Wie auch sonst versuche ich, die Erfahrungen zu beschreiben, die ernsthafte Leser mit der Schrift machen. Einige Punkte werden im Blick auf besondere Situationen besonders wichtig sein.

Das größte Hindernis beim Hören des Gotteswortes ist das Ausmaß des inneren Lärms, der unserer Wahrnehmung in die Quere kommt. Auch wenn wir unser Tempo verlangsamen und andere Aktivitäten aufgeben, ist es nicht leicht, den Raum des wartenden Hörens zu betreten. Oft trifft das Gegenteil zu. Nur wenn wir äußerlich zu Ruhe kommen und uns von den Beschäftigungen lösen, die uns ganz absorbieren, wird uns klar, welche unglaubliche Menge von möglichen Zerstreuungen es in uns gibt. Ich versuche, einige der wichtigsten Quellen dieser inneren Kakophonie zu beschreiben.

Äußerer Lärm. Die meisten von uns müssen zugeben, dass ein Leben in einer lauten Umgebung, die den Wert des Schweigens nur wenig zu schätzen weiß, ganz normal ist. Radio, Fernsehen und ähnliches sind unsere ständigen Begleiter. Wir wählen sie aus und schaffen so um uns herum einen persönlichen Raum wie einen bequemen *Kokon*. Unsere eigenen Töne sind für uns Musik, die Töne anderer empfinden wir als Lärm. Wenn wir die Töne um uns herum nicht selber produzieren, schalten wir sie aus, indem wir eigene Töne produzieren oder ihre Lautstärke aufdrehen. Die Stimulierung der Hörorgane ist ein dermaßen notwendiges Element des modernen Lebens, dass viele mit dem Schweigen nicht umgehen können. Manche haben Angst vor der Stille, wie Kinder, die sich vor der Dunkelheit fürchten. Wenn die Gedanken nicht mehr von außen gelenkt werden, können aus der Tiefe eigene Gedanken aufsteigen; man fürchtet sich vor dem Ergebnis dieses ungewohnten Prozesses. So versuchen viele, die Geister mit Lärm zu vertreiben: mit Geschwätz, Gerede und der angenehmen Bedeutungslosigkeit der Unterhaltung durch die Medien.

Dauernder Lärm in unserer Umgebung lässt oft Spuren in uns zurück – sozusagen bleibende Bilder. Wenn wir mit lauten Werkzeugen gearbeitet haben, vibriert der ganze Organismus weiter, auch wenn die Arbeit getan ist. Wenn wir versuchen stille zu sein, machen sich Klänge bemerkbar, die wir nur mit einem Ohr gehört haben: Leise Töne und Fragmente von Musik tanzen am Rande unseres Bewusstseins. Wir merken das, wenn wir uns ein eigentlich bedeutungsloses Wort in Erinnerung rufen und damit noch einmal frühere Gespräche und Konflikte wach werden.[91] Aus dieser Erfahrung lassen sich zwei mögliche Konsequenzen ziehen.

Erstens müssen wir uns überlegen, wie wir diese störenden Einflüsse unserer Umgebung verringern können. Ein ruhiges Leben ist der Weg zu einem reicheren Leben. Es hilft uns, uns auf das zu konzentrieren, was wir gerade tun, und für Eingebungen offen zu sein. Im Lärm zu arbeiten ist dagegen oft ein Ausdruck passiver Aggression oder Rebellion und ständiges Radio-Hören mit einem Ohr kann ein Hinweis sein, dass uns langweilig ist und wir das, was wir gerade tun, nicht mögen. Überstimulation kann nur geheilt werden, wenn wir die Lautstärke reduzieren. Es lohnt sich, das zu versuchen. Die Stille (das Schweigen) kann vielfache Heilung bringen – wenigstens jenen, die reif und ausgeglichen sind.

Zweitens: Im Maße, in dem uns die Bereitschaft oder die Fähigkeit fehlt, unsere Umgebung zu verändern, kann es nötig sein, dass wir uns vor der Lesung oder der Meditation Zeit für eine Befreiungsaktion nehmen. Wenn wir den Zustand der inneren Sammlung suchen, ist es oft besser, zuerst einen Raum zu schaffen, in dem die sich aus dem Hören ergebenden Phantasien ganz natürlich kommen und gehen können. Das ist besser, als unsere Kraft mit dem Versuch zu verschwenden, sie während der Lesung zu verscheuchen. Vielleicht müssen wir auch die Erholung in dem Sinne ändern, dass wir sie ohne Lärm gestalten.

Wenn Lärm ein ständiges Element unseres Lebens ist, verinnerlichen wir vieles davon. In diesem Sinne werden wir bei der geistlichen Lesung immer den Auswirkungen einer lauten Umgebung begegnen. Um diese Art von Ablenkung auszuschließen, kann es nötig sein, einige praktische, naheliegenden Maßnahmen zu ergreifen.

Acedia. Acedia ist der Zustand, in dem es uns unmöglich erscheint, etwas ernsthaft und ausdauernd zu betreiben. Wir haben im 1. Kapitel dieses Buches kurz davon gesprochen. Etwas in uns macht uns unruhig und ruhelos; wir sind unfähig, unsere Aufmerksamkeit für längere Zeit einer Sache zu widmen. Die Gründe dafür sind mannigfach. Wenn es ernst wird, müssen wir auf professionelle Hilfe zurückgreifen. Wer sich nicht setzen und der Lesung hingeben kann, kann Gottes Wort nicht aufnehmen. Eine innere Unbeständigkeit zwingt ihn, das tun, was auch immer aus der Tiefe ins Bewusstsein aufsteigt. Es wird ihn so sehr beeinflussen, dass nicht einmal ein Schatten von geistlicher Lesung möglich scheint. Der hl. Aelred von Rievaulx zeichnet das Bild eines von *acedia* geplagten Mönchs:

Ihr wisst, Brüder, dass das Schweigen für viele eine Last ist. Die Stille drückt sie nieder. In der Folge wird alles lästig, wenn sie aufhören zu reden, um still zu sein: Ihr Kopf schmerzt, ihr Magen rumpelt, sie kön-

*nen nichts sehen, ihre Nieren werden schwach ... Ihr
mögt dann einen Mönch sehen, der im Kreuzgang
sitzt, hierhin und dorthin blickt, öfters gähnt, seine
Arme und Beine streckt. Er legt das Buch hin. Dann
nimmt er es wieder auf. Schließlich steht er auf, wie
von einem Stachel gestochen, und wandert umher,
von einem Ort zum anderen, von einem Sprechzim-
mer zum nächsten.*[92]

Wenn wir diese Ruhelosigkeit in uns vorfinden, sollten wir
uns fragen, ob wir uns von ihr bestimmen lassen wollen.
Das klassische Heilmittel für die *acedia* besteht darin, in
der Zelle auszuharren. Auch wenn wir keinen Grund für
die *acedia* ausmachen oder kein Heilmittel verschreiben
können, haben wir doch immer die Kraft zu bleiben, wo wir
sind, und in unserem Bemühen auszuharren. Eine solche
Entscheidung hilft oft.

Übertriebene Sorge um Äußeres. Der heilige Lukas zeichnet ein deutliches Bild vom möglichen Konflikt zwischen
der übertriebenen Sorge um das, was zu tun ist, und dem
ruhigen Hören auf den Herrn (Lukas 10,38-42). Wir wissen
aus eigener Erfahrung, dass es eine Form von Sorge gibt,
die zur Zerstückelung führt. Wir alle kennen Menschen,
die sich leicht etwas einreden lassen. Der Blick geht verloren, das letzte Ziel des Lebens gerät langsam aus dem
Bewusstsein.

Das Neue Testament spricht öfters gegen diese alles veren-
gende Form der Sorge und betrachtet sie als einen Mangel
an Vertrauen. Es gibt eine Art von nagender Unsicherheit,
die uns einredet, dass wir mehr tun sollten. Wir werden
schnell finden, dass wir für Lesung und Meditation weniger Zeit haben, wenn wir das Leben vom Terminkalender

bestimmen lassen. Es kommt der Punkt, an dem wir uns entscheiden müssen. Wenn Zeit und Energie ständig nach außen gerichtet sind, werden wir im Inneren zu Fremden. Es ist uns in der Ruhe und Empfänglichkeit nicht wohl. In der Folge verlieren die stillen Momente an Quantität und Qualität, und wir geben der Aktivität den Vorzug.

Es ist erstaunlich, wie produktiv unsere Phantasie sein kann, wenn wir versuchen zu beten oder zu lesen. Dringendes, das gestern hätte erledigt werden sollen, will unsere Aufmerksamkeit. Meistens ignorieren wir es. Habe ich die Waschmaschine eingeschaltet? Statt loszurennen und nachzusehen, sollten Sie sich fragen, was hier vorgeht. Lassen Sie sich nicht dazu verleiten, die Lesung gleich abzubrechen, sondern denken Sie einen Moment nach, und treffen Sie dann eine Entscheidung, die eines Erwachsenen würdig ist. Wenn wir solchen Eingebungen nicht einfach unterschiedslos nachgeben, werden sie sich seltener einstellen. Ein kleines Notizbuch kann helfen, gute Ideen, die sich kaum vertreiben lassen, aufzuschreiben. Wir notieren sie für später und lassen sie beiseite, da sie im Moment nicht hierher gehören.

In der kurzen Zeit der *lectio* können wir leicht von anderen Sorgen überrannt werden. Das lässt sich in einem gewissen Maß nicht vermeiden. Während der Zeit der Lesung können wir uns höchstens dagegen wehren, uns allzu schnell von ernsthaftem Tun abbringen zu lassen. Es gibt während des Tages noch genügend Zeit, um das Notwendige zu tun.

Geteiltes Herz. Ein lauteres Herz ist für das geistliche Verständnis der Schrift wichtig. So müsste auch klar sein, dass derjenige, der ein „doppeltes Herz" hat (Jakobus 1,8; 4,8), erfahrungsgemäß keinen Zugang zum geoffenbarten Wort hat. Nur das ungeteilte Herz findet in der Bibel Gott. In dem Maße, in dem weite Bereiche unseres Lebens vom Glauben nicht berührt werden, geht im Innern ein Kampf vor sich, der die stille, leise Stimme Gottes nicht einlässt. Mit dem Text, den wir lesen, oder mit der intellektuellen Bildung mag alles in Ordnung sein, aber die Bibel bleibt uns fremd, wenn wir zwei Herren dienen wollen. Die Schrift ist für Jünger bestimmt. Je mehr wir uns als Jünger verstehen, desto mehr werden wir lernen.

Anderseits hat die regelmäßige Lesung der Bibel insofern etwas Gutes, als sie uns mit der Oberflächlichkeit unseres Tuns konfrontiert. Es fällt leicht zu meinen, unser Leben sei vom Evangelium inspiriert, wenn wir dieses weit weg von uns halten. Nur ein näherer Umgang mit dem Text stellt diese Selbstzufriedenheit in Frage und zeigt, wie viele Bereiche vom Evangelium noch nicht erfasst sind. Das ist der erste Schritt im Umgang mit dem geteilten, das Verstehen blockierenden Inneren.

Wenn wir die Schwierigkeiten richtig diagnostizieren, tun wir schon einen Schritt zur Lösung. Das Wort Gottes bringt uns an den Punkt, an dem eine umfassende Entscheidung möglich ist. Diese zeigt dann ihrerseits wieder den Weg zum tieferen Verständnis. Aber nicht nur das. Unbewusste Kräfte setzen die Kraft der Wahrnehmung außer Gefecht, indem sie in uns eine Disharmonie schaffen. Wenn wir das erkennen und versuchen, es mit Gottes Hilfe zu neutralisieren, ergibt sich ein Dreifaches: Unser Haus wird im Frieden, unsere Vision unverschleiert sein und unsere Ohren beginnen, in der Schrift das Wort Gottes Wort zu hören. An diesem Punkt fangen wir an zu begreifen, dass Jünger (*discipulus*) und Disziplin miteinander verwandt sind. Ohne eine Lebensregel, die das Urchaos in uns zum Gehorsam gegenüber Gottes schöpferischem Wort führt, können wir Christus nicht wirklich nachfolgen.

Entfremdung von der Kirche. Weiter oben haben wir in diesem Kapitel die „soziale Disharmonie" als einen der Gründe für Gottes offensichtliches Schweigen genannt. An dieser Stelle möchte ich von einer besonderen Art dieser Disharmonie sprechen, die sich in der geistlichen Lesung oft meldet.

Es gibt Menschen, die von der Kirche eine Vollkommenheit erwarten, die sie von Einzelnen nie verlangen würden. Bitterkeit kommt auf, wenn der Traum nicht wahr wird. Sie fliehen und finden sich mehr und mehr am Rande. Wenn sie versuchen, zu meditieren oder geistliche Lesung zu halten, kommen sie auf all ihre Anklagen zurück. Sie glauben, die Schrift spreche nur von den Unzulänglichkeiten anderer, sie haben das starke Gefühl, selber ein Opfer zu sein, und beklagen wortreich alles, was nicht von Gott kommt.

Dass das keine geistliche Lesung ist, zeigen die Früchte. Wenn wir in der Kirche überleben wollen, brauchen wir Geduld und Toleranz. Fehlen diese, geht das Geschenk von Wort, Sakrament und Gemeinschaft, welche die Dynamik des kirchlichen Lebens ausmachen, verloren. Stattdessen herrschen dann Politik und persönliche Empfindlichkeit. In einem solchen Klima kann die geistliche Lesung nicht gedeihen.

Unbewusste Faktoren. Viele dieser inneren Gründe für den Stillstand sind unbewusst. Wir wollen sie nicht, aber wir sind uns vielleicht nicht einmal bewusst, dass sie am Werk sind. Es gibt in uns allen einen Widerstand gegen Gott. Wir glauben zwar, dass wir Christen sind und sein wollen, doch haben sich die meisten von uns dem Willen Gottes noch nicht ganz ergeben. Wenn wir nicht im Voraus bereit sind, uns formen zu lassen und uns zu ändern, legen wir die geistliche Lesung nach Belieben aus. Glaube ist Gehorsam; wir werden nicht hören, wenn wir nicht gehorchen wollen. Wir sind gute Menschen und würden es uns nicht gestatten, gegen Gott aufzubegehren; unser Verlangen nach Selbstbestimmung ist untergründig. Dieses Verlangen ist am Werk, aber wir merken nicht, dass etwas falsch läuft. Es ist wie mit einem Virus. Zu Beginn der Inkubationszeit ist er unsichtbar und fast unbemerkt am Werk. Wir fühlen uns nur ein wenig abgespannt. Aber eines Tages kann der Virus auf ganz unerwartete Weise ausbrechen.

In diesem Buch habe ich versucht, von der *lectio divina* als einer Quelle des Lebens und der Erneuerung zu sprechen. Wir mögen einen Widerwillen gegen diese Quelle der Gnade empfinden. Es passiert gelegentlich, dass wir durch eine Zeit des Selbst-Hasses und sogar der Selbst-Zerstörung hindurchgehen. Auch wenn es nicht so weit kommt, dass wir uns Gewalt antun, bringt uns diese Neigung dazu, nur zögernd von dem zu profitieren, was Leben bringen würde. Aus einem unerfindlichen Grund entwickeln wir eine Abneigung gegen das, was gesund ist und die Kraft hat, uns zu heilen, wie sportliche Übungen, gutes Essen oder neue Aktivitäten. Wir begründen diese unbewusste Entscheidung mit der Ansicht aller möglichen Experten und mit Rationalisierungen. In Wahrheit will etwas in uns die Hilfe nicht annehmen.

Die gleiche Dynamik gibt es auch im geistlichen Leben. Wir verweigern uns dem, was unseren christlichen Einsatz fördern könnte, und helfen den Kräften, welche diesen unterminieren. Das kann jahrelang unbeachtet so gehen. Wenn die Zeit kommt, uns nach außen zu entscheiden, ist das Ergebnis schon da. Wir können nicht anders. Wenn wir an den Punkt kommen, an dem es keine Rückkehr mehr gibt, können wir die Schuld niemandem zuschieben. Wir selber haben auf die Fakten geantwortet; wir selber haben die „richtige" Entscheidung getroffen. Vielleicht. Das eigentliche Drama hat sich vermutlich schon lange vor dieser „Entscheidung" abgespielt. Wenn wir uns einmal treiben lassen, geht es nur noch abwärts – auch wenn schlechter Glaube und Passivität die wahre Natur dieser Wahl manchmal zudecken. In diesem Zusammenhang entfernen sich viele Menschen von der ganzheitlichen Praxis der geistlichen Lesung, lange bevor die Krise offensichtlich wird. Wenn der Höhepunkt da ist, glauben sie, dass sie sich schon zu weit von der *lectio divina* entfernt haben, als dass sie noch von Nutzen sein könnte. Sie haben sich schon zu lange von dem getrennt, was ihnen in schwierigen Zeiten hätte helfen können. Und doch sind sie sich nicht bewusst, was geschehen ist.

Hier ist nicht der Ort, um von den verschiedenen psychologischen Formen von Unordnung, die in solchen Fällen am Werk sind, zu sprechen. Ich fühle mich dafür auch nicht zuständig. Solche unbewussten Faktoren sind in einem gewissen Maße in uns allen am Werk und engen unsere Sensibilität für die geistliche Wirklichkeit ein, indem wir allem eine eigene versteckte Agenda überstülpen. Darum sprechen die meisten religiösen Traditionen von der Wichtigkeit, sich beraten zu lassen. So können wir die Echtheit unserer Impulse prüfen, unsere natürlichen blinden Flecken erkennen und von der Gegenwart des Heiligen Geistes im Herzen eines Mit-Glaubenden profitieren. Aber auch wenn die Symptome mit dem Glauben zu tun haben, gehören gewisse Fälle zweifellos besser in die Praxis eines Psychologen.

Ein Kapitel wie dieses, das mit der Praxis zu tun hat, muss auch etwas über die Lösung der Probleme sagen. Wer braucht Hilfe, wenn alles gut läuft? Ich will nicht sagen, dass diese Probleme notwendigerweise allgemein auftreten oder dass schon der Wunsch, der geistlichen Lesung treu zu bleiben, eines von ihnen löst. Wenn wir der *lectio divina* ein Leben lang treu sein wollen, ist es gut, meine ich, die Fallen zu kennen und ihnen auszuweichen. Ich erwarte, dass Sie als Leser, das, was ich schreibe, abwägen. Nehmen Sie, was Ihnen für den Moment hilft, alles andere lassen Sie beiseite.

Die *lectio divina* sollte nicht so heilig sein, dass wir Angst davor haben, sie mit gesundem Menschenverstand und einem kritischen Auge zu betrachten. Wenn es mit ihr nicht so gut geht, sollten wir uns nicht fürchten zu experimentieren. Vielleicht ist an der Lesung auch nichts falsch. Vielleicht haben sich einfach die Umstände geändert. Oder die Praxis der geistlichen Lesung ist reifer geworden, und wir werden zu einer Form von Jüngerschaft gerufen, die uns noch stärker fordert. Und mit dem Wachstum lassen sich Änderungen nicht vermeiden.

5. Das Lesen traditioneller und patristischer Texte

Bis jetzt habe ich darüber gesprochen, wie *lectio divina* in der westlichen Tradition gehalten wurde. Es ist jetzt Zeit, vom Inhalt zu sprechen. Um der Klarheit willen habe ich mich bisher auf die Bibel als den Kernbereich geistlicher Lesung konzentriert. Ich möchte aber nicht den Eindruck erwecken, als wäre für die geistliche Lesung nur die Bibel geeignet. Die benediktinische Tradition ist weit und nicht doktrinär. Die jahrhundertelange monastische Erfahrung kennt auch eine andere Form von Schrift-Meditation: die der lebendigen Bibel, des bleibenden Lebens der Kirche.

An dieser Stelle müssen wir an die wesentliche Natur der *lectio divina* erinnern. Diese Lesung erfolgt unter dem Motto „Glaubensgehorsam". Sie will uns dahin bringen, auf immer tiefere Weise und in Verbindung mit der alltäglichen Erfahrung freiwillig Ja zum Glauben zu sagen. Die geistliche Lesung muss uns einen Sinn für Ehrfurcht und Gehorsam geben. Sie muss uns ermöglichen, unsere negativen Voreinstellungen auszusetzen und unsere Seele für Veränderungen zu öffnen.

Ohne Gott die Möglichkeit abzusprechen, dass er für sein Wort andere Kanäle benutzen kann, sollte die *lectio* für gewöhnlich den bleibenden Glauben der Kirche und nicht die persönlichen, wechselnden Meinungen Einzelner ausdrücken. Das vorliegende Buch zum Beispiel möchte über die monastische Erfahrung mit der geistlichen Lesung sprechen und Sie zu Ihrem eigenen Nutzen darüber informieren. Es ist aber nicht einfach die Summe der Tradition;

auch Meinungen, Vorurteile und Erfahrungen seines Verfassers kommen darin zur Sprache. Diese mögen interessant sein oder nicht, sie sind aber bestimmt nicht für alle normativ. Ich erwarte also, dass mein Buch mit der Gabe der Unterscheidung gelesen wird und dass die Leser das Gesagte ständig mit der eigenen Erfahrung und dem eigenen Wissen vergleichen und zu eigenen Schlüssen kommen. So möchte ich dieses Buch der kritischen Aufmerksamkeit empfehlen; ich zähle darauf. Ich würde nur wenig schreiben, wenn die Leser meinen Worten die Wahrheit des Evangeliums zumessen würden. Wenn ich meine eigenen Worte entsprechend filtern müsste, bliebe bestimmt wenig übrig.

Nicht jedes Lesen ist *lectio*. Jene von uns, die mit Religion beruflich zu tun haben, müssen mit den aktuellen Entwicklungen in verschiedenen verwandten Bereichen einigermaßen vertraut sein. Und es ist für alle Glaubenden gut, etwas von Theologie und von Spiritualität zu verstehen. Viele, die mit dem Leben eines heiligen Menschen in Kontakt kommen, fühlen sich stärker zu einem Leben gemäß dem Evangelium hingezogen. Eine gute Heiligen-Biographie ist eine Quelle von Ermutigung und Wissen. Viele von uns haben keine Möglichkeit, sich persönlich von einem geistlichen Meister führen zu lassen. Für sie ist das Lesen der einzige Weg, um zum Wissen zu kommen, das für beständiges geistliches Wachstum nötig ist. Ja, „geistliche Lesung" hat ihren Sinn, aber sie ist nicht im eigentlichen Sinn *lectio divina* – auch wenn sie dieser manchmal nahe kommt.

Als Texte für die geistliche Lesung eignen sich Werke, die den bleibenden Glauben der Kirche zum Ausdruck bringen. Nach meiner Meinung gehören dazu liturgische Texte, ausgewählte Schriften der Väter (und Mütter) der Kirche, die herausragenden Lehrer (oder „Doktoren") der Vergangenheit (wie Theresia von Avila, Johannes vom Kreuz) und manche Mystiker (Juliana von Norwich, der Verfasser der *Wolke des Nichtwissens*, Meister Eckhart). Für die römisch-katholischen Gläubigen kommen auch viele offizielle Dokumente des kirchlichen Lehramts für Meditation und Gebet in Frage: Konzilstexte (vor allem das 2. Vatikanische Konzil), päpstliche Enzykliken etc. Auch einige Kapitel des neuen Katechismus der Katholischen Kirche bieten sich für die *lectio divina* an; dessen weniger kontroverse Abschnitte möchten den Lesern helfen, den Glauben zu vertiefen und sich des eindringlichen Rufes zur Heiligkeit und zur Vereinigung mit Gott bewusst zu werden. Das große, etwas kompliziert geschriebene Kapitel über das Gebet enthält viel Hilfreiches und Inspirierendes und kann von vielen Gläubigen mit Nutzen gelesen werden.

Texte aus der Überlieferung ersetzen die Schrift nicht. Sie ergänzen sie aber und helfen ihre Botschaft verstehen und umsetzen. Das Wirken des Heiligen Geistes in der Kirche war mit der Abfassung der letzten Seite des Neuen Testamentes nicht zu Ende. Durch all die Jahrhunderte hindurch haben der Geist und das Wort das Leben ungezählter Männer und Frauen zu einem lebendigen Evangelium gemacht. Gottes Weisheit zeigte ihnen, was in der Schrift verborgen war. Solche Einsichten sind nicht etwas Automatisches. Generationen von Glaubenden fanden in ihnen inspirierende Echos auf ihre eigenen geistlichen Erfahrungen. So bekamen diese Sekundär-Texte ein gewisses Maß von *auctoritas* – ein Wort, das gewöhnlich mit „Autorität" übersetzt wird, wohl aber besser mit Ansehen wiedergegeben wird. Ein guter Prediger lässt das inspirierte Wort für seine Hörer lebendig werden. Ebenso kann das Lesen dieser klassischen christlichen Werke helfen, die Bibel aus der vergangenen Geschichte in die Gegenwart unseres Lebens zu übertragen.

Patristische lectio

Unter den vielen Autoren, die gemeinsam die christliche Überlieferung bilden, nehmen die „Kirchenväter" einen besonderen Platz ein.[93] Dafür gibt es verschiedene Gründe.

Erstens gelten die ersten Väter in besonderer Weise als Zeugen einer ganz frühen Form des Christentums. Im 2. Jahrhundert zum Beispiel geben die Autoren einen Einblick in die konkreten Gebräuche, die das Neue Testament prägen. Die frühesten Väter werden deshalb ganz allgemein geschätzt, weil sie unmittelbar auf die apostolische Überlieferung folgen.

Zusammengenommen können uns die Kirchenväter auch helfen, die eigenen Wurzeln zu verstehen, den Ursprung der vielen Bekenntnisse und Gebräuche der späteren Kirche und ihre Entwicklung. Dass sie in vieler Beziehung alles andere als eine einzige Stimme sind, ist ein tröstliches Beispiel für einen theologischen Pluralismus.[94] So sind sie eine wertvolle Hilfe für die Beurteilung der Rechtgläubigkeit unserer eigenen theologischen Meinungen.

Die Kirchenväter sind noch aus einem anderen Grund wichtig: fast alle waren Seelsorger. Sie schrieben, um den Menschen bei der Auseinandersetzung mit dem Glauben an Christus zu helfen. Soweit ich weiß, wurde Theologie im ersten Jahrtausend nicht als Beruf oder Beschäftigung betrachtet, sondern als Begleiterin der Seelsorge, als wesentlicher Aspekt des Dienstes der Bischöfe und ihrer Helfer. In diesem Sinne verlangt der hl. Benedikt, dass Abt und sonstige Leitungspersonen nicht nur wegen des vorbildlichen Lebens gewählt werden sollen, sondern auch wegen ihrer Fähigkeit, die Werte, die sie selber leben, weiterzugeben. Unter diesem Gesichtspunkt verfasste Texte sind oft existentiell, erfahrungsorientiert und praktisch. Die Theorie geht in ihnen nicht eigene Wege. Manche Häresie war einfach eine weiter entfaltete Meinung, die pastorale Sorge hingegen grenzt die Theorie ein und mäßigt sie.

Schließlich waren Heiligkeit des Lebens und Rechtgläubigkeit ganz allgemein die Bedingung, dass man zu den von der Kirche geschätzten Lehrern gehören konnte. Das war nicht etwas Formelles, es brauchte dazu keine Intervention wie zum Beispiel eine Heiligsprechung. Nur wer vom Glauben der Kirche nicht abwich, und wer lebte, was er verkündete, und auch von späteren Generationen von Gläubigen als Lehrer akzeptiert wurde, galt als würdig.

Die Kirchenväter kommentieren nicht einfach die Bibel. Sie reichen die Früchte der eigenen geistlichen Erfahrung weiter. Wir leben am Ende von zweitausend Jahren christlichen Glaubens und können aus dem, was unsere Vorfahren gelernt haben, Nutzen ziehen. Wir müssen nicht von vorne anfangen. Das gilt vor allem in Bezug auf die Unterweisung derer, die geistlich erwachsen sind. Die Alte Kirche unterschied zwischen *catechesis* und *mystagogia*. Die erste war für Anfänger, die zweite für jene, die sich mit den vielfältigen, mit dem Vorankommen verbundenen Schwierigkeiten abgaben. Viele im Neuen Testament auf allgemeine Weise behandelte Themen wurden erst später weiter entfaltet.

Die Evangelien zu einer praktischen Lebensregel machen. Die monastischen Regeln tun das für die Ordensleute; für Laien sind gewisse Anpassungen nötig. Dazu kommen Briefe über die geistliche Führung. Auch Predigten bieten wertvolle Hilfe an, selbst wenn sie mit unterschiedlichen und besonderen Umständen zu tun haben.

Die Dynamik von Tugend und Laster verstehen. Die meisten von uns möchten gut sein, kommen aber ins Stolpern, weil sie nicht verstehen, wie die Versuchung sich an uns heranmacht. Hier bieten die Schriften eines Evagrius Pontikus, eines Johannes Cassian und Gregors des Großen eine „geistliche Psychologie", die hilft, auf den Ruf des Evangeliums besser und mit größerer Freiheit zu antworten. Bei den Kirchenvätern überrascht die große Aufmerksamkeit, die sie dem Empfänger der Gnade widmen, d.h. den menschlichen Faktoren, die im Werk der Erlösung am Werk sind.

Unterscheidung. Viele Gutwillige gehen in die Irre, weil es ihrem Eifer an Erkenntnis mangelt (vgl. Römer 10,2). Begeisterung lässt sich gern hinreißen, und so braucht es mäßigende Faktoren. Einer der wichtigsten Beiträge der christlichen Tradition ist die Hinführung zur geistlichen Unterscheidung auf der Grundlage von gesunder Erfahrung.

Entwicklung. Christliche Jüngerschaft ist nichts Statisches. Die Wachstums-Gleichnisse in den Evangelien zeigen, dass die Nachfolge Christi im Laufe des Lebens verschiedene Phasen kennt. Die praktische Dynamik des geistlichen Fortschrittes hilft, umfassender auf die wechselnden Herausforderungen des Rufes Gottes zu antworten. Die „Wissenschaft der Heiligen" kann hier manches erleichtern. Wenn Johannes vom Kreuz von den „dunklen Nächten" schreibt, welche die wichtigen Übergänge im Leben begleiten, und sie auch deutet, gibt er eine über Jahrhunderte gewachsene Weisheit weiter, die bereits in der Bibel angelegt ist, dort aber noch nicht im Einzelnen entfaltet ist.

Mystische Vereinigung. Das Johannes-Evangelium spricht viel über das „Bleiben" in Gott, der hl. Paulus spricht oft vom Sein „in Christus". Was das im Blick auf die Erfahrung bedeutet, wird aber im Neuen Testament nicht weiter ausgeführt. Wer sich von der Gnade zur kontemplativen Einigung führen lässt, wird in den Schriften jener, die diesen Weg gegangen sind, Ermutigung und Unterweisung finden. Die Schriften der Kirchenväter und -mütter helfen auch hier, der uns geschenkten Gnade treu zu bleiben und zur Wirklichkeit zu gelangen, von der die Schrift versteckt und leise spricht.

Die von der Kirche besonders geschätzten Werke geben uns die Möglichkeit, etwas von der Weisheit jener zu erfahren, welche uns die göttliche Vorsehung als Lehrer gesandt hat. Es kommt aber noch etwas anderes hinzu. In der Zeit vor dem Buchdruck wurden nur wertvolle Handschriften kopiert. Bücher waren selten. Das heißt, Autoren oder Werke, die man als weniger wertvoll betrachtete, wurden in einem Prozess der Auswahl und des Filterns ausgeschieden. Man kannte und liebte besonders jene Texte, die speziell ein authentisches, evangeliumsgemäßes Leben förderten. So war der Anteil an überflüssiger Literatur viel geringer als in heutigen Buchkatalogen.

Aber auch so müssen wir für die geistliche Lesung eine Auswahl treffen. Nicht alles, was auf uns gekommen ist, dient dem betenden Meditieren. Ein Werk ist nur dann für die *lectio divina* geeignet, wenn es mehr als nur die garantierte Wahrheit bietet. Ich kann an dieser Stelle nicht die allgemeingültigen Prinzipien darlegen, sondern nur auf einige Elemente hinweisen, die meine eigene Praxis bestimmen. So achte ich instinktiv auf die folgenden Kriterien, bevor ich z.B. versuche, bei den Kirchenvätern etwas für die *lectio* zu finden.

Verwandtschaft mit dem Verfasser. Aus irgendeinem Grund fühle ich mich nur von bestimmten Gestalten aus der Antike angezogen. Ich bin zwar offen, um auch neue Autoren kennen zu lernen, aber ich habe meine Freude und meinen Nutzen am ehesten bei meinen alten Freunden. Bernhard von Clairvaux, Augustinus von Hippo, Juliana von Norwich gehören zu jenen, die ich am meisten schätze.

Werke der Erfahrung. Meistens suche ich nach Werken, die mit der praktischen Erfahrung des christlichen Lebens zu tun haben. Solche Werke bieten weder eine bloße Darlegung des biblischen Textes, noch eine theoretische Theologie, sie kommen vielmehr aus der Praxis und der Erfahrung. Die Verfasser dieser Werke waren oft geistliche Riesen. Was sie aufgrund ihrer Erfahrung schreiben, hat eine Kraft, die unsere eigenen Grenzen weit übersteigt. Wir sind überrascht von dem, was sie sehen und was uns fehlt. Ja, sie „öffnen uns die Schrift", führen uns zu einem Maß von Verständnis, zu dem wir ohne ihre Hilfe nie gelangen könnten. Es erfasst uns unwillkürlich eine Leidenschaft für Werke, die der Dichtung nahe stehen. Ich muss gestehen, dass ich literarische Qualität vorziehe. Ich habe das Glück, einige wichtige Sprachen gut zu kennen, und versuche daher, diese Werke im Original zu lesen. Ich spüre, dass mich das auch dem Verfasser und der Erfahrung, der Quelle des Werks, näher bringt. Das Gespür für die Wirklichkeit, das damit einhergeht, hat einen viel größeren Einfluss als bloße abstrakte Theorie.

Geeignete Themen. Wenn ich die Väter lese, kann ich aus einer großen Vielfalt von Themen frei wählen, was meinen geistlichen Bedürfnissen entgegenkommt. Ich kann Cyprian lesen, der über die Geduld schreibt, den Brief von Augustinus an Proba über das Gebet, oder einen Johannes-Kommentar von Origenes oder Chrysostomus. So kann ich in einem Bereich, der mit meinem aktuellen Leben zu tun hat, nach Licht suchen oder als Alternative etwas lesen, das sich von meinen gewöhnlichen Fragen unterscheidet. So bleibe ich mit der größeren Wirklichkeit in Verbindung.

Was geeignet ist. Nicht alles, was – auch bevorzugte – Autoren schreiben, eignet sich für die geistliche Lesung. Selbst geistige Feuerwerke zaubernde alte Meister haben Dinge geschrieben, die ihrem Ruf nicht standhielten. Ich meide polemische Traktate. Wie wahr auch ihre Positionen sein mögen, so führt ihr Stil doch nicht zu Gebet und Meditation. Ich muss auch zugeben, dass mir dichte Theologie zu schwer ist. Man mag einmal bei meiner Bestattung wahrheitsgemäß sagen: „Stellt euch vor, er hat all diese Jahre nie *De Trinitate* von Augustinus gelesen." Was mir meistens zusagt, sind Predigten – vor allem, weil diese gewöhnlich auf bestimmte biblische Texte bezogen sind, diese zu anderen Texten in Beziehung setzen und dann für das tägliche Leben Folgerungen ziehen. Manche bleiben beim Lesen der *Stadt Gottes* stecken, sind aber von der direkten Art der Predigten, mit denen sich Augustinus an das Volk richtete, verzaubert und gefangen.

Autor und Thema sind wichtig, aber auch die Absicht, die ein Werk verfolgt, hat einen Einfluss darauf, ob dieses dem Gaumen mundet. Die Wahl der (literarischen) Form diktiert bekanntlich Stil und Sprache eines Werks und gibt ihm seine Eigenart. Bevor man sich für ein bestimmtes Buch Zeit nimmt, lohnt es sich abzuklären, ob es sich für die *lectio divina* eignet. Wenn ein Werk zu sehr mit Argumentationen arbeitet, wenn es zu ausgefallen ist oder sein Inhalt zu sehr mit konkreten Umständen zu tun hat, können wir durchaus zum Schluss kommen, dass es schwierig sein würde, in den Geist der Diskussion einzutreten oder viel Nutzen daraus zu ziehen, besonders zu Beginn der Bekanntschaft.

Kulturschock. Beim Lesen antiker Autoren schätze ich die Tatsache, dass sie aus einer lang zurückliegenden Kultur stammen. Das heißt, sie bauen auf einem bestimmten System von Überzeugungen und Werten auf. Wenn sie einen Text erklären oder sich über ein Thema auslassen, tun sie das aus einer anderen Perspektive heraus und haben so oft etwas für uns Originelles zu sagen. Das heißt nicht notwendigerweise, dass ihre kulturellen Werte besser sind als die unsrigen. Es bedeutet einfach, dass ihnen manche Aspekte der Wahrheit besser bewusst waren als uns – so wie wir in anderer Beziehung mehr wissen als sie. Wenn wir uns auf antike Schriftsteller berufen, können wir die blinden Flecken unserer heutigen Kultur ausgleichen. Indem sie manche unserer Voraussetzungen in Frage stellen, helfen sie uns zu einer umfassenderen Weisheit gelangen. Weil sie von unseren kulturellen Vorurteilen frei sind, helfen sie uns, unbewusste Ideologien wahrzunehmen, die Teil unserer unkritischen Wahrnehmung der Wirklichkeit sind.

Ich betone, dass dies meine eigenen Kriterien sind. Ich weiß nicht, wie weit sie für andere Menschen gelten. Die Erfahrung ist eine große Hilfe, wenn wir geeignete Werke suchen, die wir mit der gleichen Offenheit und Lernbereitschaft lesen und aufnehmen können, die wir auch der Bibel entgegenbringen.

Die Väter zu lesen ist nicht immer leicht und kann auch nicht allen unterschiedslos empfohlen werden. Manche, die der *lectio divina* und der Bibel jahrelang die Treue gehalten haben, mögen das Bedürfnis nach „etwas anderem" fühlen. Ich möchte sie beim Versuch ermutigen, die beim Lesen der Bibel erworbenen Fähigkeiten und Methoden auf geeignete Texte aus der Tradition anzuwenden. Wir werden schnell auf zwei Dinge stoßen, die dabei notwendig sind: Geduld und Unterweisung.

Es braucht *Geduld*, weil uns bei den Kirchenvätern vieles fremd ist und wir mit ihnen zu Beginn nicht so vertraut sind wie mit der Bibel. Wenn wir zu jenen gehören, die von der Lesung schnell etwas haben möchten, werden uns die Väter-Schriften enttäuschen. Sogar der hl. Benedikt sieht einen Unterschied. Am Ende seiner Kloster-Regel nennt er einige Bücher. Von der Bibel sagt er: „Ist denn nicht jede Seite oder jedes von Gott beglaubigte Wort des Alten und Neuen Testaments eine ganz verlässliche Weisung für das menschliche Leben?"[95] Jedes biblische Wort kann uns helfen zu leben. Über die Schriften der Tradition sagt er: „Welches Buch der heiligen katholischen Väter redet nicht laut von dem geraden Weg, auf dem wir zu unserem Schöpfer gelangen?" Zuerst ist der quantitative Unterschied zu beachten: Einerseits eine „Seite" oder ein „Wort", anderseits ein „Buch". Zweitens der Unterschied zwischen „ganz verlässlich" und „verlässlich". Drittens ist das vorrangige Mittel der geistlichen Führung die Schrift, während die Werke der Väter so etwas wie ihr „Echo" sind. Wir müssen die Väter oft lesen, wenn wir die ihnen eigene Nahrung finden wollen. Manchmal brauchen wir Geduld und müssen unvermeidliche „Längen" überspringen.

Weiterhin brauchen wir eine Einführung in die Väter, ganz einfach weil wir ohne einen solchen Hintergrund vollständig verloren sind. Es gibt heute mehr Einführungen als noch vor zwanzig Jahren. Manche dieser Einleitungen sind schwierig, weil ihre Verfasser aus historischen oder theologischen Gründen an den Vätern interessiert sind. Wir dagegen beschäftigen uns wegen der *lectio divina* mit den Vätern und brauchen deswegen wohl etwas anderes. Die Kenntnis der damaligen Zeit und der zeitgenössischen Kirche ist bestimmt ein wichtiger Hintergrund, aber es geht uns mehr um eine Einführung, welche die Väter in erster Linie als Praktiker und als Prediger von Gebet, Heiligkeit und einem Leben nach dem Evangelium versteht.[96]

Obwohl ich während mehr als zwanzig Jahren neben der Schrift die Texte der Tradition für die *lectio* benutzt habe, bin ich mir der Schwierigkeiten bewusst. Manche erfahren sie mehr als andere. Wer von seinem Beruf her z.B. einen wissenschaftlichen oder einen gewerblichen Hintergrund hat, mag sich im Umgang mit sonstiger Literatur, die das Niveau seines Fachwissens hat, schwer tun. Meine Erfahrung sagt, dass es sich lohnt, den Versuch nicht abzubrechen. Ich will ein paar Hinweise geben, die die Sache etwas erleichtern können.

Schwierigkeiten überwinden

Im Jahre 1976 verfasste ich einen Artikel mit dem Titel: „Elf Schwierigkeiten beim Lesen der Väter".[97] Wenn ich diesen Text jetzt wieder lese, bin ich überrascht, wie viele Einführungen in die Väter uns heute zur Verfügung stehen.[98] Zu diesem Thema hat Papst Johannes Paul II. zur

1600-Jahrfeier des Todes von Basilius von Caesarea einen apostolischen Brief geschrieben.[99] Und die römische Kongregation für Katholische Erziehung veröffentlichte am 10. November 1989 eine *Instruktion über das Studium der Väter in der Ausbildung der Priester*.[100] So ist in den letzten zwanzig Jahren das Bewusstsein in dieser Frage etwas gewachsen.

Wenn wir die Väter für die *lectio* verwenden wollen, brauchen wir einen ersten Kontakt. Ein potentieller Leser trifft gewöhnlich auf den Text eines Autors der Tradition, fühlt sich von ihm angezogen und sucht ihn dann besser kennen zu lernen. Dieser erste Kontakt kann auf verschiedene Weise zustande kommen: Durch das Lesen einer Biographie, durch Hinweise und Zitate in einem geistlichen Buch oder durch längere Zitate in Anthologien – z.B. in der *Philokalia* und in den Texten für die Lesehore des *Römischen Breviers*. Diese erste Bekanntschaft erweckt unser Interesse; ohne sie würden sich viele nicht auf dieses unerforschte Territorium vorwagen.

Das erste Problem besteht im Finden von Väter-Texten. Dann müssen wir eine Auswahl treffen, da sich nicht alles, was die Väter geschrieben haben, für die *lectio divina* eignet. Man muss da etwas ausprobieren, sich einen bestimmten Text vornehmen und selber beurteilen, ob er in der momentanen Lebensphase zu Gebet und Meditation führen kann.

Wenn wir anfangen, die Väter zu lesen, wird uns bewusst, dass die Art, wie sie schreiben, unterschiedlich ist. Viele tun sich damit schwer. Darum möchte ich einige der Punkte nennen, in denen sich die patristischen Schriften von unseren geistlichen Werken unterscheiden.

Übersetzung. Keiner der antiken Väter und vergleichsweise wenige andere traditionelle Autoren haben ihre Werke in unseren Sprachen geschrieben. Das bedeutet, wir haben keinen direkten Kontakt zu ihrem Denken. Dieses wird uns durch das Sprachgefühl eines Übersetzers vermittelt. Übersetzer müssen oft zwischen der wörtlichen Wiedergabe eines Textes und der Übertragung dessen, was mit den Worten gesagt wird, wählen. Überwiegend entscheiden sie sich für eine wörtliche Übersetzung. Damit bekommt der logische Inhalt oft den Vorrang vor dem emotionalen Ausdruck. Nicht selten haben wir dann eine Textfassung vor uns, die zwar inhaltlich korrekt ist, der es aber an Deutlichkeit und Unmittelbarkeit fehlt. Das erschwert uns den Zugang. Wenn eine Übersetzung dann auch noch im Stil des 19. Jahrhunderts gehalten ist, fühlen wir uns doppelt ausgeschlossen.

Sprache. Der Stil der patristischen Schriften unterscheidet sich von der Sprache, die uns aus Zeitungen, Romanen und Bedienungsanleitungen für Rasenmäher vertraut ist. Wie die Dichtung ist die Sprache voll von Bildern und Symbolen; manchen ist sie daher zu „zu blumig". Noch schwieriger sind in diesen Werken die gesuchten Allegorien. Das alles kann nicht geleugnet werden. Ich kann eigentlich nur sagen, dass Sie sich daran gewöhnen werden und lernen, sich daran zu freuen oder einen zu schwierigen Text eben zu überspringen.[101]

Gedankenfortschritt. Nach unserem Empfinden ist die Logik der meisten Väter sehr eigenartig. Die meisten dachten, sprachen und argumentierten mit der rechten Gehirnhälfte. Der nüchternen Vernunft und dem logischen Denken zogen sie Bilder, Anspielungen und Intuition vor. Ihre „Beweise" überzeugen nicht, sie sind für uns nicht „wasserdicht".

Sie sind nicht wertfrei und setzen beim Leser Dinge voraus, die für diesen nicht von vornherein selbstverständlich sind. Auch in diesem Punkt dürfen wir nicht vergessen, dass die Väter in einer anderen Welt arbeiteten. Wenn wir sie verstehen wollen, müssen wir zu Zugeständnissen bereit sein.

Seelsorgliche Prioritäten. Die Väter waren, fast definitionsgemäß, Hirten. Darum dient alles, was sie schrieben, einem pastoralen Zweck. Wenige von ihnen haben um der Unterhaltung oder um „intellektueller" Gründe willen zur Feder gegriffen. Was sie schrieben, war kein Selbstzweck. Es war immer eine Reaktion oder eine Antwort auf konkrete Gegebenheiten. Sie diktierten ihre Abhandlungen und Predigten, um ihren Gemeinden in ganz konkreten Situationen zu helfen. Wenn sie einen Häretiker angriffen, ging es ihnen mehr darum, die Gläubigen zu stärken als die Abtrünnigen einfach zurückzuweisen. Dieses Bemühen der Väter sehen wir oft nicht. Wir haben andere Bedürfnisse, darum verstehen wir ihre Absichten oft nicht. So scheint uns ein Text trockener als nötig. Das alles hilft, uns bewusst zu machen, dass diese Texte geschrieben wurden, um den Glauben zu stärken, die Qualität des täglichen Lebens zu verbessern und zum Gebet zu führen. Wenn wir so den Kontext rekonstruieren, können uns diese Schriften für die *lectio divina* gute Dienste leisten.

Platonismus. Manche finden den hellenistischen Inhalt patristischer Schriften unakzeptabel. Im Besonderen ist von „platonischem" Dualismus und der daraus sich ergebenden negativen Haltung gegenüber der Welt und dem Leib die Rede. Ich werde weiter unten versuchen, auf diese Kritik zu antworten. Im Moment reicht es zu sagen, dass die hellenistische Philosophie ein wesentlicher Aspekt der Kultur der patristischen Epoche ist. Wir dürfen das nicht übersehen, wenn wir die Väter verstehen wollen. Wir werden sehen, dass diese Philosophie einen positiven Beitrag zur Entwicklung der Spiritualität geleistet hat – auch wenn sie, wie jede andere Philosophie, ihre Grenzen und Irrtümer hatte.

Längen. Zugegeben, man trifft manchmal auf schwer verständliche und langweilige Abschnitte, die nichts Geistliches an sich zu haben scheinen. Sie sind etwas wie Abschweifungen und scheinen unwichtig zu sein. Zu anderen Zeiten scheinen sie uns zu sehr mit Philosophie und Theologie beladen, als dass sie unser Interesse wecken könnten. Das alles hat mit der Fremdheit zu tun, die wesentlich dazu gehört, wenn wir mit Autoren der Tradition in Kontakt treten. Es ist nicht einfach, etwas gegen diese Unzufriedenheit zu tun; wir haben es mit einem negativen Aspekt einer Praxis zu tun, die doch weitgehend positiv ist. Manchmal müssen wir Abschnitte, die unsere Geduld strapazieren, einfach überspringen. Nur so können wir überleben, wenn wir uns lange Zeit patristischen Gedanken widmen.

Ich gebe zu, dass das wirkliche Schwierigkeiten sind. Ich habe sie am eigenen Leib erfahren. Die meisten von ihnen gehören einfach zur Last der Väterlesung, manche Leser empfinden sie bei bestimmten Vätern intensiver. Hier meine wichtigste Antwort auf solche Einwände: Die Früchte des geduldigen Umgangs mit den Vätern übertreffen die Schwierigkeiten bei weitem. Ich kann das nicht beweisen, aber es ist meine Erfahrung. Die beste Art, mit diesen Schwierigkeiten umzugehen, ist es wohl, sich mit der einen oder anderen Gestalt der Alten Kirche „emotional abzugeben". Wir können vielleicht eine Biographie lesen, die uns hilft, den betreffenden Vater lebendig werden zu lassen.[102] Briefe sind ebenfalls ein Weg, um jemanden kennen zu lernen.[103] Ausgehend vom Hauptinteresse lassen wir unsere Begeisterung dann umherschweifen, bis wir mit den Kreisen, in denen sich die Väter bewegten, und mit der Welt, in der sie lebten, vertrauter werden. Wir müssen nicht Experten werden, sollten aber doch allmählich eine andere Zeit etwas besser kennen lernen.

Monastische Autoren

Wenn wir nach Schriften suchen, die für die Spiritualität unmittelbarer wichtig sind, finden wir sie oft in den Texten, die aus der monastischen Tradition stammen. Es wäre verfehlt zu meinen, dass diese Schriften nur für Mönche und Nonnen bestimmt sind – vor allem auch, weil der Begriff „monastisch" früher eine viel weitere Bedeutung hatte als heute. Manchmal schien er fast all jene einzuschließen, die ernsthaft ein geistliches Leben führten. Zusätzlich waren viele große kirchliche Gestalten, wie Athanasius, Augustinus, Basilius, Chrysostomus und Gregor der Große mit verschiedenen monastischen Lebensformen eng verbunden; manche ihrer Schriften lassen das auch erkennen.

Um mit den großen Wüstenmännern und -frauen zu beginnen: Ihre Worte sind fast für alle, die am geistlichen Leben interessiert sind, eine anregende Lektüre. Sie sind kurz, genau, anekdotenreich, evangeliumsgemäß und bringen neue Einsichten, was gelehrte Abhandlungen nicht könnten. Zudem sind es nicht zufällige Erinnerungen. Sie wurden systematisch gesammelt, gerade weil sie für kommende Generationen nützlich sein konnten. Den Vätern auf dem monastischen Weg zu folgen, ist eine gute Chance, sich an patristische Texte als *lectio divina* zu gewöhnen. Ausgangspunkt sind die Wüstenväter.

Andere Schriften sind nur einen Schritt von dieser ersten Erfahrung entfernt: Evagrius Pontikus zum Beispiel versucht in seinen Werken, die biblische und theologische Synthese des Origenes mit der pragmatischen und erfahrungsgeprägten Tradition der Wüste zu verbinden. Johannes Cassians *Konferenzen* wurden nach seinem Tod etwa 1000 Jahre lang als grundlegende geistliche Lesung betrachtet. Die vierundzwanzig rekonstruierten Ansprachen bieten ein Panorama der ganzen Spiritualität. Es überrascht, wie zutreffend manche seiner Bemerkungen sind. Basilius der Große schrieb Regeln für die Stadtklöster, die unter seiner Leitung lebten. Die einfachen, praktischen Darlegungen bauen auf biblischen Texten auf und wollen ein Leben nach dem Evangelium fördern. Sein Bruder, Gregor von Nyssa, war Witwer, wurde Mönch und Bischof und gehört zu den wichtigsten Vertretern der Theorie und Praxis der Kontemplation. Der hl. Benedikt von Nursia wob manche Fäden der frühen Überlieferung zu einem praktischen Programm eines Lebens unter Führung des Evangeliums. Seine Regel wurde in den Klöstern des Westens seither immer befolgt. Gregor der Große vergaß seine monastischen Erfahrungen nicht, auch als er Papst wurde. Die Bibel, die Ganzheit des Lebens nach dem Evangelium und die Kontemplation sind Themen, auf die er in seiner Verkündigung und in seinen Schriften immer wieder zurückkommt. Mit der dürren Polemik theologischer Kontroversen hat das sehr wenig zu tun, ist jedoch für die *lectio divina* nützlich.

In der zweiten Hälfte des ersten Millenniums wurde die lateinische geistliche Tradition gefestigt.[104] Gerade hier setzten die Klöster ihren Schwerpunkt. Zwei außergewöhnliche Merkmale zeichneten die Mönche und Nonnen der benediktinischen Überlieferung aus: Die Liebe zum Lernen und die Sehnsucht nach Gott.[105] Es war ihnen mit dem geistlichen Leben ernst und sie widmeten sich der Lesung. Es versteht sich von selbst, dass sie den Traditionen anhingen, die ihre eigene geistliche Erfahrung reflektierten. Es entstand ein inoffizieller Kanon patristischer Schriften. Sie wurden öffentlich und privat sehr viel gelesen.[106] Noch wichtiger: Diese Bücher wurden abgeschrieben und standen auch in kleinen Klosterbibliotheken zur Verfügung.[107] Dieser Kanon war weit genug, um dem Vorwurf der Ideologie zu entgehen, er schuf genügend Zusammenhalt und Übereinstimmung als Grundlage für weitere Entwicklungen.

Mit zu den stärksten Faktoren bei der Entwicklung der westlichen Spiritualität gehörte die formende Kraft der lateinischen Liturgie. In ihrer Feier waren die Ordensleute ständig dem Hören der Bibel ausgesetzt, sodass große Teile für immer im Gedächtnis blieben. Auch die Väter wurden täglich gelesen, die liturgischen Texte waren populär und mit ihren Namen verknüpft. Daraus ergab sich eine gemeinsame geistliche Sprache, die einen großen Einfluss auf die Schriften vieler Autoren ausübte. Ihr Stil reflektierte unbewusst den Rhythmus der Liturgie, und deswegen fanden ihre Schriften auch leicht Eingang in den Geist und in die Herzen derer, die eine ähnliche Bildung hatten. Die Bibel, die Liturgie und die Väter hatten einen ähnlichen Klang. Es überrascht nicht, dass Verkündigung und Lehre diesen Spuren folgten. Die monastischen Schriftsteller unterscheiden sich von den späteren Exponenten der Scholastik, weil sie ganz selbstverständlich die Sprache der Tradition sprechen.

Die Schriftsteller im 12. Jahrhundert verdienen besondere Aufmerksamkeit. Diese besondere Periode der Geschichte hat bemerkenswerte Parallelen, aber auch bezeichnende

Unterschiede zu unserer eigenen Zeit.[108] Einerseits gab es damals in Gesellschaft und Kirche große Veränderungen. Ein neuer Humanismus entwickelte sich; für ihn war die Sorge um die Person und das Interesse am Experiment vorrangig. Andersseits war es immer noch eine Zeit des Glaubens, es gab keinen Bruch mit der Tradition und die Betonung des Gegensatzes zwischen Verstand und Offenbarung kam gerade erst auf. Es gelang der damaligen geistlichen Literatur, vor allem der ersten Generation von Zisterziensern, die traditionelle Spiritualität mit dem zeitgenössischen Humanismus zu verbinden, und dies auf eine Weise, die auch heute großen Einfluss hat. Die grundlegende Lehre bleibt, ist aber durch die Jahrhunderte geistlicher Erfahrung gefiltert und findet ihren Ausdruck in einer lyrischen Sprache, die den Werken eine große Leichtigkeit verleiht. Sie spricht Menschen des 20. Jahrhunderts sehr an, und es besteht eine große Nachfrage nach ihnen. Die monastischen Autoren des 12. Jahrhunderts sind zwar viel später als die eigentlichen „Kirchenväter", aber sie haben ihnen das Wissen und die Erfahrung vieler Jahrhunderte voraus. Das ist vielleicht der Grund, warum der gelehrte Mönch Jean Mabillon (1632-1707) Bernhard von Clairvaux *„den letzen, aber bestimmt nicht den kleinsten der Väter"* nannte.[109]

Es gibt einen einfachen Zugang zur Welt des patristischen Denkens: Ich empfehle oft die liturgischen Predigten des Guerric von Igny. Sie bieten für die *lectio divina* einen einfachen Einstieg in die Werke der Väter. Die Lektüre von Guerric hat verschiedene Vorteile.

Einmal ist Guerric eine sehr gewinnende Persönlichkeit. Seine Behandlung der meisten Themen ist gemäßigt und pastoral. Er ist ein älterer Mann, weise, erfahren und mild. Sein Stil ist einfach und sachkundig, und seine Darstellung hat etwas Friedvolles an sich. Tiefe des Gefühls und poetische Phantasie verbinden sich und tragen den Leser in eine andere Sphäre.

Zweitens sind seine Predigten mit dem liturgischen Jahr verbunden. Man kann im Laufe der liturgischen Zeiten die eine und andere Predigt, wie zum Beispiel zum Advent oder zur Fastenzeit meditieren. Dieser Teil der *lectio divina* bereitet uns auf die Feier der Liturgie vor und ist zusammen mit den Schriftlesungen wirkungsvoll.

Ein weiterer Vorteil der Predigten Guerrics ist, dass sie relativ kurz und in sich geschlossen sind. Damit können wir je nach Gelegenheit die eine oder andere lesen, ohne uns die ganze Serie vornehmen zu müssen. Schließlich sind Guerrics Predigten ganz auf die Bibel ausgerichtet. Sie helfen uns, zuvor unbeachtete Aspekte der biblischen Texte zu schätzen. Die *Liturgischen Predigten* zu lesen und neben sich die Bibel aufgeschlagen zu haben, ist ein guter Weg zum Gebet.

Wenn wir an Guerric Freude haben, mögen wir uns auch zu den Werken anderer hingezogen fühlen, von denen jeder eigene Qualitäten hat. Bernhard von Clairvaux ist ein brillanter Schriftsteller mit großem Verständnis für die Tiefen der Spiritualität und mit einem großen Verständnis der menschlichen Wirklichkeit. Aelred von Rievaulx, zu seiner Zeit für seine Liebenswürdigkeit bekannt, schreibt in seinen Werken *Spiegel der Liebe* und *Geistliche Freundschaft* wunderbar über die Liebe. Wilhelm von St. Thierry zeigt eine große Kraft der Introspektion und theologische Meisterschaft. Die Engländer John von Ford und Gilbert von Swineshead wissen viel über Kontemplation zu sagen. Diese Schriftsteller hatten einen großen Einfluss auf die geistliche Formung von

Thomas Merton.[110] Ihre Lektüre hatte nicht eine altertümliche Spiritualität zur Folge, sondern eine geistliche Festigkeit, die es Merton ermöglichte, mit der modernen Welt ins Gespräch zu kommen. Das kann auch bei uns der Fall sein.

Wenn wir viele Jahre und in Treue die Bibel gelesen haben, fühlen wir vielleicht, dass wir tiefer verstehen können, wenn wir uns einen Teil der Zeit, die wir mit der *lectio* zubringen, solchen Vätern widmen. Einer der Vorteile ist es, dass sie uns auf einem anderen Weg zur Bibel zurückführen. So treffen wir im heiligen Text auf Aspekte, die uns zuvor nicht bewusst waren. Die Schriften aus der Überlieferung ersetzen die Bibel nicht. Aber sie erweitern die Basis unserer Kenntnis der Bibel und geben dieser Frische und Lebendigkeit.

Die Spiritualität der Väter

In der Tradition gibt es viele Schriftsteller mit unterschiedlichen Denkweisen. Ein allgemeiner Überblick über ihre geistliche Lehre mag wie eine unerlaubte Vereinfachung erscheinen. Er gibt uns aber eine Art des Zugangs zum Thema, die uns wichtige Schlüsse erlaubt. Das Ende der patristischen Ära der Theologie fiel mit der Aufnahme aristotelischen Gedankenguts im Westen zusammen. Was die Väter verbindet, ist die Tatsache, dass sie zur sogenannten „platonisierenden" Schule gehören.[111]

Plato, der griechische Philosoph, lebte im 4. Jahrhundert vor Christus. Sein Denken ist in etwa 12 Dialogen enthalten, welche grundlegende ethische und metaphysische Themen behandeln. Nach seinem Tod gingen seine Lehren weiter. Ihren Einfluss auf das Judentum zeigen das biblische Buch der Weisheit und die Schriften des Philo von Alexandrien, eines Zeitgenossen Christi. Im 3. Jahrhundert n. Chr. schuf Plotin eine neue Zusammenfassung der platonischen Gedanken, den so genannten Neoplatonismus.

Auf Plato folgte Aristoteles, den aber ein anderes Denken prägte. Wo Plato intuitiv, poetisch, synthetisch und kreisförmig denkt (wir würden von der rechten Hirnhälfte sprechen), arbeitet Aristoteles ausgesprochen mit der linken Hirnhälfte: analytisch, organisiert, logisch, empirisch. Plato ging es um die Ganzheit, Aristoteles konzentrierte sich auf einzelne Objekte. Auf Raphaels berühmtem Bild *Die Schule von Athen* zeigt Plato zum Himmel, Aristoteles zur Erde. Im Allgemeinen schätzten die Väter Aristoteles nicht besonders, ausgenommen als empirischen Wissenschaftler. Viele sahen in ihm einen Atheisten. Abgesehen vom großen Einfluss auf Boetius im 6. Jahrhundert begann Aristoteles erst im 12. Jahrhundert das theologische Denken zu beeinflussen, als jüdische und islamische Übersetzer und Kommentatoren ihn im Westen neu bekannt machten.

Mit dem aristotelischen Denken gab es keine Kontinuität mehr zwischen der theologischen Tradition und der Philosophie. Die Einführung von Aristoteles trieb einen Keil zwischen die beiden Disziplinen.[112] Mit dem Platonismus war es anders. Wer von platonischen Ideen geprägt war, setzte seine Bildung ein, um eine der christlichen Botschaft besonders angepasste Sprache zu finden. Das platonische Denken spielte beim Aufkommen und in der Entwicklung der christlichen Theologie eine wesentliche Rolle.

Das ist nicht notwendigerweise etwas Negatives. Das Christentum war in eine hellenistische Welt hinein geboren. Seine Ausbreitung wurde durch die Möglichkeiten der Kommunikation im römischen Reich gefördert. Ebenso wurde seine Vertiefung durch die überlieferte Weisheit des alten Griechenlands erleichtert. Man kann sich die Theologie eines Paulus oder das Johannes-Evangelium nur schwer ohne einen gewissen hellenistischen Hintergrund vorstellen. Die Existenz des platonischen Denkens ist Teil der Konkretheit der Menschwerdung.

Es soll hier nicht eine Abhängigkeit der christlichen Texte von platonischen Schriften behauptet werden. Der Platonismus war nie ein präzises System wie der Aristotelismus. Er hatte einen Blick für das Ganze, und es gab eine große Vielfalt und viele Überschneidungen in den Details. Es war nicht zu vermeiden, dass stoische und pythagoräische Einflüsse gewisse Gedanken beeinflussten, zudem gab es auch innerhalb des Platonismus eine Entwicklung. Darum gebrauche ich das Wort „platonisierend". Der Einfluss des Platonismus auf das christliche Denken ist mehr eine Tendenz als ein eigentliches Denksystem.

Dass der Platonismus eine zentrale Wahrheit anerkennt, fand bei den christlichen Denkern bereitwillig Aufnahme. Darüber hinaus entfalten andere Themen die praktischen Folgerungen. Die spätere Spiritualität hat sich auf manche von ihnen berufen. Das geschah nicht unkritisch. Nur das, was als mit dem Evangelium vereinbar galt, wurde aufgenommen, und auch dieses durch das Gespür vieler christlicher Generationen gefiltert. Man kann in einem gewissen Sinn sagen, dass der Platonismus getauft wurde und nur so etwas zur Entwicklung des christlichen theologischen Denkens beitragen konnte.

Für Plato war die geistliche Welt wichtiger als das Gesamt der materiellen Aspekte, die unsere irdische Existenz ausmachen. So führte er ein Dilemma ein, das in vielen religiösen Traditionen zentral ist: die Dialektik zwischen Wirklichkeit und Erscheinung. Populäre Kritiker tadeln Plato heute, er habe „die Welt nicht ernst genommen". Das stimmt nicht. Nach Plato haben die Welt der Sinne und die allgemeine Erfahrung keine innerste und autonome Bedeutung; ihre Bedeutung hängt von der Beziehung zur unsichtbaren Welt ab, die keinen Einschränkungen unterworfen ist. Christen verstehen das so, dass alles Sichtbare ohne Gott absurd ist. Der wahre Sinn des Lebens ist nicht unmittelbar zugänglich, er muss in der Transzendenz gesucht werden. So wurde das Wort „unsichtbar" im Nizänischen Glaubensbekenntnis als Folge von Gottes geistiger Natur verstanden. Das entspricht dem Neuen Testament: *„Wir schauen aus nach dem, was wir nicht sehen, nicht nach dem, was wir sehen. Was wir sehen, vergeht; das Unsichtbare ist ewig"* (2 Korinther 4,18).

Die Verbindung von christlichem Denken und Platonismus hängt mit dieser grundlegenden Überzeugung zusammen, dass das menschliche Leben nur dann Sinn macht, wenn es in Beziehung zu einer letzten und transzendenten Wirklichkeit steht. Hier treffen sich die beiden. Die Tatsache, dass Christen von Plato ausgehen, wenn sie diese letzte Wirklichkeit mit dem Gott Israels identifizieren, der sich in Jesus geoffenbart hat, ändert nichts an der tiefen Gemeinsamkeit, dass die Menschen gerufen sind, zu suchen, *„was oben ist"* (Kolosser 3,1), und dass sie von der materiellen Existenz keine bleibende Befriedigung erwarten sollen. *„Wenn wir unsere Hoffnung nur für dieses Leben auf Christus setzen, dann sind wir von allen Menschen am meisten zu bedauern"* (1 Korinther 1,19). So unvollkommen und irrig der Platonismus in sich selbst sein mag, so wurde er doch als Schild gegen den damals vorherrschenden Materialismus verstanden. Sowohl für den Apologeten Justin als auch für den hl. Augustinus war die „Bekehrung" zum Platonismus ein erster vorläufiger Schritt auf das Christentum hin.

Aus diesem grundlegenden Prinzip bildeten sich dann verschiedene verwandte Themen, in denen die Verschmelzung der Horizonte ausgeweitet wurde. Wir wollen einige der wichtigeren Themen betrachten, um die die patristische Spiritualität durch die Erfahrung und das Weiterdenken der platonisierenden Philosophie bereichert wurde.

Bild und Gleichnis. Weil die Spiritualität ein Echo auf die Beziehung zwischen Mensch und Gott ist, verlangt sie nicht nur eine Kenntnis Gottes (Theologie), sondern auch ein Wissen um die menschliche Wirklichkeit (Anthropologie). Ein Merkmal der patristischen Spiritualität ist die besondere Aufmerksamkeit, die sie anthropologischen Themen widmet. Das gilt besonders für Augustinus, Gregor von Nyssa und die Zisterzienser-Väter.[113] Die grundsätzliche Vereinbarkeit des Menschlichen und Göttlichen und die daraus folgende Berufung der Vergöttlichung des Menschen wurde besonders mit dem Hinweis auf das Thema von Bild und Gleichnis betont. Die Grundlage dafür ist Genesis 1,26-27, doch die konkrete Ausarbeitung des Themas ergab sich aus dem Fundus der philosophischen Reflexion. Der patristische Wortschatz war dem der philosophischen Zirkel ähnlich. Die Väter waren zusätzlich dankbar, dass sie bei Plato den Begriff der Unsterblichkeit der Seele vorgeprägt fanden. Wie der hl. Paulus empfanden sie ja die Schwierigkeit, den Hellenisten die Auferstehung zu verkünden (Apostelgeschichte 17). Natürlich gibt es Unterschiede, aber weite Bereiche überschneiden sich.

Gedächtnis/Erinnerung. Viele Leser der Bekenntnisse finden es eigenartig, dass Augustinus diesem Thema so große Aufmerksamkeit widmet. Die Idee des Gedächtnisses
als Fähigkeit und als Akt der Wahrnehmung ist der platonischen Überlieferung wichtig. Wie andere christliche
Schriftsteller übernahm auch Augustinus die Unterscheidung der Seele in Verstand oder Intellekt – das Gedächtnis
– und Willen, aber sein Verständnis von Gedächtnis ist ihm
eigen. Während er sich mehr und mehr vom Begriff der
Präexistenz der Seelen distanzierte, betonte er im Unterschied zu Aristoteles doch, dass die Erinnerung Zugang zu
Wirklichkeiten gibt, die den Sinnen nicht zugänglich sind.
Ausgehend von der Lehre vom Menschen als Abbild Gottes betonte er eine gewisse Ähnlichkeit der Naturen: Das
Menschliche und das Göttliche sind nicht unvereinbar. Die
„Erinnerung" ist dieses göttliche Überbleibsel in der Mitte
der personalen Existenz. So wurde die *memoria* als Tor zur
geistigen Welt verstanden. Gott muss in der Erinnerung
gesucht und gefunden werden, auch wenn er sich jenseits
des tatsächlichen Inhalts der Erinnerung befindet.

Der metaphysische Begriff des Gedächtnisses vermischt
sich mit dem Thema des Bewusstseins. Wir müssen die aktive Erinnerung an Gott bewusst und willentlich pflegen
und so unser göttliches Potential verwirklichen. Das Thema
der Erinnerung findet sich öfters im Buch Deuteronomium
und in der biblischen Weisheits-Literatur; dieses Thema
floss in den platonisierenden Strom ein. In der Folge er-
hielt die Erinnerung Gottes in der christlichen Spiritualität
einen bleibenden wichtigen Platz: *memoria Dei.*[114] Sie ist
bei den zisterziensischen Schriftstellern ein bevorzugtes
Motiv, wie der volkstümliche Hymnus *Jesu dulcis memoria*
bezeugt.[115]

Selbsterkenntnis. Die Aufforderung des delphischen Orakels „Erkenne dich selbst" wurde von der griechischen Philosophie und der christlichen Spiritualität weitgehend übernommen. Ursprünglich sollte dieses Axiom an die menschliche Sterblichkeit erinnern, später wurde es auch im ethischen Sinn verstanden: Lebe gemäss dem, was du bist! Im Vergessen sah man den Hauptgrund für die Entfremdung von Gott, und die Rückkehr zu Gott beginnt, wenn wir wie der verlorene Sohn zu uns zurückkehren. Das geistliche Leben deckt sich mit dem Aufstieg zur Wahrheit und dem zunehmenden Ablegen von Täuschung und falscher Identität.

Innerlichkeit. Selbsterkenntnis heißt, wir geben es auf, das Selbst nur von äußeren Faktoren her zu definieren, als ob wir nur das Ergebnis von materiellen und sozialen Prozessen wären. Stattdessen schauen wir auf unsern inneren Zustand. Der wahre Philosoph und auch der Christ muss den inneren Wirklichkeiten wie dem Gewissen, dem Gedächtnis und der Wahlfreiheit Priorität einräumen. Das mag ein gewisses Zurückweisen der von außen kommenden Forderungen bedingen: einen gewissen Widerstand gegen die Welt und die Sinne. Leo der Große ruft die Christen ständig auf, ihre „Würde" zu erkennen. Wir sind frei, welches auch immer unserer Stand sein mag; das Anerkennen der eigenen Freiheit muss alle praktischen Entscheidungen leiten. Vielleicht ist der *homo interior* in Römer 7,22 der Widerhall eines Satzes in Platos *Republik* (Buch 9,958).

Reinigung. Das Wissen um uns selbst bringt es mit sich, dass wir um den Kampf zwischen unserer Freiheit und allem, was uns versklavt, wissen, ob dieses von außen kommt, ob wir es einmal verinnerlicht haben oder ob es „dämonisch" (wir würden wohl „unbewusst" sagen) ist. Das Achten auf die in uns wirkenden gegensätzlichen Prinzipien stellt uns vor die Entscheidung, welche von ihnen den Lauf unseres Lebens bestimmen sollen. Das heißt, wir müssen die einen Tendenzen stärken, andere dagegen zurückdrängen. Das Wohlgefallen ist kein guter Führer zum Schöpferischen. Wir müssen dann oft auf das verzichten, was Befriedigung bringt, oder uns dem widmen, was Mühe bereitet. Nur so können wir unseren inneren Forderungen nachkommen.

Dies ist auch der Stellenwert der negativen Aspekte der Jüngerschaft: Enthaltsamkeit und Aszese. Das heißt, wir müssen lernen, unsere Gefühle oder Leidenschaften zu unterscheiden, und jene, die sich nicht fügen wollen (die Laster), dazu bringen zu akzeptieren, dass der Wille sich von der Gnade führen lässt. Dauernde Übung reinigt mit der Zeit unser Inneres von Giften und führt zur Reinheit des Herzens, die gemäß den Seligpreisungen Gott schaut. Wenn die Väter und die Philosophen von der *apatheia*, also vom Sieg über die Leidenschaften sprechen, sind sie mehr am Ergebnis, d.h. an der Einfalt des Herzens interessiert als an der bloßen Zurückweisung oder Unterdrückung der Instinkte.[116] Der Augustinus-Forscher Peter Brown bemerkte, die asketische Bewegung habe den Leib nicht verleugnet, sondern seine Bedeutung bestätigt. Statt die vom Leib kommenden Impulse als für die Seele unwichtig zu verdrängen, sei es um die gegenseitige Abhängigkeit der Leidenschaften und des Wirkens des Geistes gegangen.[117] *Katharsis* oder Reinigung war ein notwendiger Prozess, wenn die Möglichkeiten, die der geistigen Natur des Menschen innewohnen, verwirklicht werden sollten.

Stufenweiser Aufstieg. Seit dem 2. Jh. propagierte die platonisierende Philosophie die Sicht von einem gestuften Universum der Wesen. Es gab Geister, die zwischen der letzten Wirklichkeit und der Materie vermittelten. Diese Sicht hat ganz offensichtlich Einiges beigetragen zur christlichen Lehre von den Engeln und bösen Geistern und ihrer Aufgabe, unser Bemühen zu beschützen oder es zu unterminieren. Sie bot auch ein Bild für das geistliche Wachstum. Der Mensch steht in der Mitte zwischen der tiefsten geistlichen Wirklichkeit und ihrem materiellen Gegenprinzip. Aufgabe der Aszese oder Reinigung ist es, von der materiellen Zerstückelung zur Einheit und Harmonie der geistigen Welt zu gelangen. Dieser Aufstieg ist Maßstab für das geistliche Wachstum. Je näher wir Gott kommen, desto mehr haben wir Anteil an den göttlichen Attributen.

Teilhabe. Im platonischen Denken existieren die unteren Formen kraft ihrer Teilhabe am Höchsten. Das Sein fließt hinunter. Die letzte Wirklichkeit teilt ihre Natur den unteren Wesen mit.[118] Die Väter umgingen die philosophischen Probleme, welche sich aus der strikten Logik dieser Theorie ergeben, indem sie die Spiritualität mit der Idee von der Teilhabe erklärten: *„wir haben teil an der göttlichen Natur"* (2 Petrus 1,4). Zwischen uns und dem Gott, *„in dem wir leben, uns bewegen und sind"* (Apostelgeschichte 17,28) gibt es eine Gemeinsamkeit der Natur. Unter diesem Gesichtspunkt besteht die geistliche Vollkommenheit des Menschen darin, dass wir uns mehr und mehr an die Quelle des Seins binden und uns so allmählich von den „unteren" Prinzipien des Tuns lösen. Wenn wir nun von der philosophischen Sicht zur Mystik übergehen, bietet der Begriff der Teilhabe eine Erklärung der kontemplativen Erfahrung. Alles, was unsere Subjektivität ausmacht, legen wir beiseite und begeben uns in die Subjektivität Christi hinein. Wir sind still, Christus betet in uns. Was wir von Gott wissen, kommt nicht aus unserer vorausgehenden geistlichen Geschichte und wird auch nicht einfach aufgefrischt. Es bedeutet, durch die Augen Christi den Vater zu „sehen", im Teilhaben am Geist. Es bedeutet auch, sich über die eigenen beschränkten Fähigkeiten hinausheben zu lassen. Durch die Teilhabe sind wir „in Christus".

Sehnsucht nach Gott. Intelligente Wesen, die sich ihrer Natur und ihrer Bestimmung bewusst sind, verstehen, dass ihr Leben ohne Teilhabe am Leben Gottes unvollständig ist. Bestimmte Ereignisse können das Gefühl von Mangel verstärken. So kommt die Sehnsucht nach Vollständigkeit auf. Diese wird wahr werden, wenn Gott „alles in allem" sein wird (1 Korinther 15,28). Wir sind als Menschen mit der Fähigkeit zur Einigung mit Gott geschaffen und werden enttäuscht sein, wenn wir die Möglichkeit dazu nicht haben. In dem Maße, in dem diese Enttäuschung mit dem Pilgersein zu tun hat, haben Christen auch Heimweh nach der himmlischen Heimat und rufen: *„Wir haben hier keine bleibende Stätte"* (Hebräer 13,14). Das Bild des Sündenfalls und der Verbannung ist im Platonismus ebenso stark wie bei den Lesern des Buches Genesis. Eine gewisse Vermischung der Themen war denn auch unvermeidlich. *„Unsere Heimat ist im Himmel"* (Philipper 3,20). Warum sollten wir überrascht sein, dass wir uns in der Fremde fühlen, *„vom Herrn entfernt"* sind (2 Korinther 5,6)? So akzeptabel dieses Gefühl für einen überzeugten Platonisten sein mag, seine unmittelbare Quelle ist nicht die Philosophie, sondern die Begegnung mit dem Neuen Testament.[119]

Kontemplation. Kontemplation nahm in der platonischen Überlieferung den ersten Platz ein. Sie wurde als höchste menschliche Aktivität betrachtet – durch sie werden wir voll lebendig und ganz wir selber. Diese Priorität haben die meisten Väter beinahe fraglos akzeptiert. Das letzte Aufblühen der Kontemplation wäre danach im Himmel. Ewige Freude galt als Resultat des Schauens Gottes (die „selige Vision").

Auf der einen Ebene meint das Wort „Kontemplation" einfach den Akt des Schauens. Aber es trägt eine Intensität in sich, die es über die gewöhnliche Erfahrung von Schauen hinaushebt. Es bedeutet ein Absorbiertwerden vom Gegenstand und eine Konzentration, die alles andere vergessen lässt. Wenn es um Objekte geht, die unsere Aufmerksamkeit nicht vollständig fesseln, wird der Begriff im uneigentlichen Sinn gebraucht. Er sagt damit sehr gut aus, was in jenen vorgeht, die Gott mit ungeteiltem Herzen dienen. Maßstab für solche Kontemplation ist der Grad der Übereinstimmung zwischen uns und Gott. Die Erfahrung wird stärker, wenn unser Wille umfassender und fester mit Gottes Willen verbunden ist. Mit anderen Worten: Kontemplation ist die größte Frucht des „Glaubensgehorsams". Wenn in uns alle Rebellion verschwindet und der richtige Augenblick kommt, wird die Gebetserfahrung zu einer Erfahrung von Einigung, so sehr, dass die Mystiker von „Verschmelzung" oder „Identifikation" mit Gott sprechen. Hören wir, was Plotin sagt:

Es waren nicht zwei; der Sehende war mit dem Gesehenen eins; nicht einfach Vision, sondern Einheit. Der Mensch, der durch diese Vereinigung mit dem Höchsten geformt ist, muss – er möge sich dessen erinnern – sein ihm aufgeprägtes Bild tragen: Er ist eine Einheit geworden, nichts in ihm oder außerhalb bringt einen Unterschied hinein; keine Bewegung, keine Leidenschaft, kein nach außen schauendes Begehren, wenn der Aufstieg vollzogen ist. Das Denken ist ausgesetzt ebenso der Intellekt und, wenn man das so sagen darf, sogar das Selbst. Sich enthoben, von Gott erfüllt, hat der Mensch in vollkommenem Schweigen die Einsamkeit gefunden. Alles Sein ist ruhig geworden, der Mensch wendet sich weder hierhin noch dorthin, nicht einmal in sich selbst hinein. Er ruht ganz und ist Ruhe geworden; er gehört nicht länger zur Ordnung des Schönen; er hat sich über die Schönheit erhoben; er hat sogar den Chor der Tugenden überstiegen. Er ist wie einer, der ins innerste Heiligtum eintritt und die Tempelbilder hinter sich lässt – obschon diese das Erste sind, das er beim Verlassen des Heiligtums betrachtet. Im Heiligtum hat er sich nicht mit Bildern beschäftigt, auch nicht mit Spuren, sondern mit der Wahrheit selbst. Von ihr her ist alles andere weniger wichtig.[120]

Solche Worte unterscheiden sich nicht sonderlich von der Sprache der christlichen Mystiker, die ihre geistliche Erfahrung beschreiben.[121]

Geistliche Hochzeit. Das vielleicht stärkste Bild für die kontemplative Erfahrung ist die geistliche Hochzeit. Auch hier treffen sich christliche und platonisierende Sprache. Im *Symposium* (10. Buch, 389) spricht Plato von der Hochzeit der Seele mit der ewigen Schönheit und von der Geburt der Tugenden als Folge dieser Vereinigung. Auch Philo von Alexandrien und die Gnostiker trugen zu dieser Thematik bei, die dann zu einem Gemeinplatz bei den Vätern wurde. Zuerst beschrieben sie die Vereinigung Christi mit der Kirche (vgl. Epheser 5,22–23), dann die Vereinigung des Einzelnen mit Gott. Wie bei anderen Themen haben wir es auch hier mehr mit sprachlichen Übereinstimmungen als mit literarischer Abhängigkeit zu tun. Die Ähnlichkeit ist aber auf jeden Fall bemerkenswert.

Erleuchtung. Ähnlich war es mit der Übernahme des Bildes von Licht und Dunkel, das als Brücke zwischen christlichem und platonischem Denken diente. Auf der einen Seite vertraten Plato und Plotin, auf der andern Clemens von Alexandrien, Augustinus und Gregor von Nyssa das Bemühen des menschlichen Geistes, der dunklen, egoistischen Leidenschaft zu entkommen und mit göttlichem Licht erfüllt zu werden. Jeder Übergang vom Tod zum Leben, vom Alten zum Neuen, von der Unwissenheit zum Wissen bot sich als „Erleuchtung" dar. Für die frühen Christen zum Beispiel war das auch das Wort für die Taufe. Ein gutes Bild für das, was wir ein Leben lang erfahren, wenn die Gnade von uns Besitz ergreift.

Vergöttlichung. Wir haben teil an der göttlichen Natur und sind berufen, von der Fülle Gottes noch mehr erfüllt zu werden. Christliches Leben ist nicht an sich schon etwas Gutes, sondern es wird gut durch die Teilhabe an Gott. Plato selber sprach nicht von Vergöttlichung, aber er bezog sich auf die angeborene Nähe oder Verwandtschaft von Mensch und Gott. Kontemplation lässt die Ähnlichkeit mit dem Göttlichen in uns wachsen und verwirklicht, was von Anfang an in uns angelegt ist.[122] Dieses Thema kam in der späteren Philosophie und bei den Vätern seit Ignatius von Antiochien und Clemens von Alexandrien ausführlicher zur Sprache.[123] Vergöttlichung ist bei den griechischen Vätern ein sehr wichtiges Thema. Seit dem 5. Jahrhundert wurde es auch in der lateinischen Theologie wichtig, wenn auch andere Themen, wie die Erlösung, die Theologie der Kirche als mystischer Leib Christi und der Begriff der Gnade mehr und mehr an seine Stelle traten. Im 11. und 12. Jahrhundert erlebte das Thema der Vergöttlichung bei den monastischen Schriftstellern des Westens, bei Anselm von

Canterbury und den Zisterziensern, eine neue Blüte. Es findet sich dann auch bei den rheinischen und flämischen Mystikern des 14. Jahrhundert.

Diese Themen, die ich hier nur kurz skizziert habe, gehören mit zu den kostbaren Beiträgen der platonisierenden Philosophie bei der Entwicklung einer christlichen Spiritualität. Spricht man von ihnen – wie hier – nur knapp und nicht in ihrem eigentlichen Zusammenhang, bleiben sie problematisch. Die Väter haben die platonisierenden Gedankengänge aber nicht deshalb übernommen, weil sie damals gut bekannt waren, sondern weil sie schlüssige Erklärungen für ihre eigenen Erfahrungen boten. Wenn wir sie als Ganzes sehen und uns ihrer mit der Zurückhaltung bedienen, die die Väter selber übten, bieten sie eine ausgezeichnete Darstellung dessen, was im geistlichen Leben vor sich geht. Wir können von ihnen zweifellos lernen.[124]

Anmerkungen

1   Mit „benediktinisch" meine ich nicht nur die Benediktiner, sondern alle Ordensgemeinschaften und Laien-Organisationen, die von der Regel Benedikts inspiriert sind und ihre Identität von der Tradition des westlichen Mönchtums herleiten.

2   Dom Columba Marmion (1858-1923) war ein irischer Diözesanpriester, wurde Mönch und später Abt von Maredsous in Belgien. Seine Hauptwerke, „Christus, das Leben der Seele"; „Christus in seinen Geheimnissen", „Christus, das Ideal des Mönchs" wurden bis in die 1960er Jahre immer wieder neu aufgelegt. Wenn sie heute nicht mehr verbreitet sind, liegt das wohl an der altertümlichen Sprache. Viele tun sich auch mit den zahlreichen lateinischen, über den ganzen Text verstreuten Zitaten schwer.

3   Als Ausnahmen seien genannt: Edgar Friedmann OSB: Die Bibel beten. Lectio divina heute (= Münsterschwarzacher Kleinschriften 88), Vier Türme, Münsterschwarzach 1995; García M. Colombas: Lectio Divina – das Herz Gottes im Wort Gottes entdecken, Books on demand, 2003

4   Die ursprünglichen Dokumente lassen klar erkennen, was im frühen Cîteaux Vorrang hatte. Von der Gründung am 21. März 1098 bis Weihnachten 1111 wurden drei größere Werke kopiert: Zuerst die für die Liturgie gebrauchten Texte, sodann die Bibel und drittens die *Moralia* Gregors des Großen, alles in allem 24 Bücher. Bis zum 14. Jh. entsprechen die Kernsammlungen der Klöster diesem Komplex: Liturgie, Bibel und Väter.

5   Um die Darstellung zu vereinfachen, beschränke ich mich beim Thema der *lectio divina* zunächst auf die Bibel. Anschließend wird das Thema ausgeweitet, und es werden und auch liturgische und kirchliche Texte, sowie die klassischen Schriften der christlichen Überlieferung zur Sprache kommen. Es wird sich noch zeigen, dass das sinnvoll ist.

6   RB 48-49

7   Ob versucht werden sollte, Techniken der „audio divina" und „video divina" zu entwickeln und so den Bedürfnissen eines nachliterarischen Zeitalters entgegenzukommen, liegt außerhalb des Themas des vorliegenden Buches und der Kompetenz seines Verfassers.

8   Vgl. Allan Bloom, The Closing of the American Mind, Simon & Schuster, New York, 1987, 65-66.

9   Weisung der Väter. Apophtegmata Patrum, auch Gerontikon oder Alphabeticum genannt. Eingel. und übers. von Bonifaz Miller (Freiburg i. Br., 1965), Nr. 757, 247.

10 Die Kapitel-Einteilung der Bibel scheint auf Stephen Langdon (gest. 1228) zurückzugehen. Die Verszählung geht auf Robert Estiennes Druckausgabe des Neuen Testaments (1551) zurück. Vor dieser Zeit gab es andere Zählungen, oder man bezog sich direkt auf die Texte, deren Kenntnis man voraussetzte.

11 Deborah Tanner beschreibt die „Meta-Botschaft" (meta-message) mit Begriffen aus der Informationstechnik: Zur Beziehung zwischen den Teilnehmern eines Gesprächs und ihre Haltungen vgl. You Just Don't Understand: Men and Women in Conversation, Ballantine Books, New York, 1990, 32.

12 Wilhelm von St. Thierry, Der goldene Brief; SChr, S. 238, Nr. 121. Deutsch: Goldener Brief. Brief an die Brüder vom Berge Gottes, übersetzt von B. Kohout-Berghammer, Eschenbach 1992.

13 RB 48, 17; vgl. auch RB 43, 8.

14 Kardinal Newman erklärt das kurz und klar: „Gott hat uns Gefühle gegeben, damit wir zum Tun weitergehen: Wenn wir unsere Gefühle überschwänglich werden lassen, ohne entsprechend zu handeln, schaden wir unserem inneren moralischen System, genauso wie wir eine Uhr oder sonst einen Mechanismus beschädigen, wenn wir mit den Rädchen spielen; weil wir die Federn schwächen, funktionieren sie nicht mehr richtig. So ist es auch, wenn wir uns an diese erfundenen Erzählungen gewöhnen; mit der Zeit erfreuen wir uns an ihnen, ohne den geringsten Gedanken oder Wunsch, aktiv zu werden"; J. H. Newman, Parochial and

Plain Sermons, Band II (Longmans, Green & Company London 1891), 371-372. Rollo Mann erinnert daran, dass Überstimulation schließlich zum Verlust der Gefühle führt; vgl. Love and Will (Fontana London 1972), 31-32.

15 Thomas Merton war in diesem Punkt entschieden und extrem: „Das Leben des Fernseh-Zuschauers ist eine Karikatur von Kontemplation. Passivität, unkritische Aufnahme, der Wille zu konsumieren, Trägheit. Nicht nur das, sondern ein wachsendes, fortschreitendes Suchen nach mystischer Attraktion, bis man in einem Zustand vollkommener Einheit gefangen ist. Das ist aber das pure Gegenteil von Kontemplation. (...). Kontemplation ist der Höhepunkt eines Lebens in geistlicher Freiheit. Das andere, der Ersatz, ist *das* Zeichen von intellektueller und emotionaler Versklavung"; Inner Experience: Problems of the Contemplative Life (VII); CSQ 19 (1984), 269-270.

16 Dom Roger Hudleston (Hrsg.), The Spiritual Letters of Dom John Chapman O.S.B (Sheed & Ward, London) 1935), Brief 12, 53. Ein nicht belegtes Zitat in der Korrespondenz von Gustave Flaubert weist darauf hin, dass Momente der Kreativität oft mit einem monotonen Leben zu tun haben: „Seien Sie so langweilig und regelmäßig in Ihrem Leben wie ein Bürger, so können Sie in Ihrem Werk gewalttätig und originell sein."

17 John Henry Newman. Predigten I. Band der Gesamtausgabe (Stuttgart 1948), 283 f. und 285 f.

18 RB 48, 2.

19 SChr 223, 238, Nr. 120 .

20 Thomas Merton, Inner Experience: Problems of the Contemplative Life (VII), CSQ 19 (1984), 279-280.

21 Von der Ehrfurcht beim Gebet; RB 20.

22 RB, 6, 6.

23 SChr 223, 240, Nr. 122.

24 Predigt 300.2 unter den Predigten von Augustinus; PL 39, 2319c.

25   Ich habe darüber geschrieben: Toward God: The Ancient Art of Western Prayer (Triumph Liguori MO, 1996), 43-45. Spezielle Ausführungen in: A Thirst for God: Spiritual Desire in Bernard of Clairvaux's Sermons on the Song of Songs; CS 77 (Cistercian Publications Calamazoo 1988), 120-129.

26   Athanasius von Alexandrien, Brief an Marcellinus, 12; Text in Ausgewählte Schriften des heiligen Athanasius. Zweiter Band (Bibliothek der Kirchenväter, Kempten 1875), 345.

27   Medicamina scripturarum divinarum; RB 28, 3.

28   Armand Veilleux, Holy Scripture in the Pachomian Koinonia; Monastic Studies 19 (1974), 143-153. In neuerer Zeit schreibt Douglas Burton-Christie: „Die große Aufmerksamkeit, die das frühe Mönchtum in der zeitgenössischen Forschung findet, hat viel dazu beigetragen, den Platz der Bibel im frühen Mönchtum und die besondere Kultur, die sich in ihm bildete, besser zu verstehen"; The Word in the Desert: Scripture and the Quest for Holiness in Early Christian Monasticism (Oxford University Press, New York 1993), 15.

29   RB Vorw. 50.

30   „Christus ist die Kraft und Weisheit Gottes; wer die Schrift nicht kennt, kennt Gottes Kraft und Weisheit nicht. Wer die Schrift nicht kennt, kennt Christus nicht"; Hieronymus, In Isaiam. prophetam, prol 1-2; PL 24, Sp. 17.

31   Es versteht sich von selbst, dass die Phasen dieses Prozesses nur um der Klarheit willen unterschieden werden; in der Praxis überlappen sie sich. Folgende Werke haben mir geholfen, die Aspekte dieser Vernetzung von Themen zu verstehen: Simone Deléani, Christum sequi: Etude d'un thème dans l'oeuvre de saint Cyprien; Etudes Augustiniennes (Paris 1979) und E. J. Tinsley, The Imitation of God in Christ: an Essay on the Biblical Basis of Christian Spirituality (SCM Press London 1960).

32   Gregor von Nyssa, Was bedeutet es, Christ zu heissen (FC 54); übers. von Virginia Woods Callahan (Catholic University of America Press Washington 1967), 85.

33 Die Begriffe „Sympathie" und „Mitleiden" werden hier zu Recht verwendet, aber sie haben viel von ihrer Bedeutung verloren. Eigentlich bedeuten beide eine Gemeinsamkeit des Fühlens, die nicht auf das Leiden beschränkt ist. Als das Wort Mensch wurde, wollte es in allem unser Geschick teilen, es freute sich mit denen, die sich freuten, und trauerte mit denen, die trauerten. Vielleicht ist es der stärkste Beweis von Liebe, mit einem Mitmenschen gefühlsmäßig mehr Mitleid zu haben als mit sich selber.

34 Der Zisterzienser-Abt Isaak von Stella (12. Jh.) schließt eine seiner Predigten (8,16) wie folgt: „Brüder. Christus sei euer einziger Meister. Er sei für euch ein innen und außen beschriebenes Buch (Eph 2,14-17). Lest in ihm Christus. Lernt von ihm Christus kennen. Macht von diesem Original eine Kopie, in euch, in euren Herzen, und außen, an eurem Leib. Andere Menschen lesen an eurem Leben ab, wie Christus gelebt hat. Darum heißt es (1 Kor 6,20): „Verherrlicht und tragt Gott in eurem Leib". Möge uns Christus in seiner Güte dieses Geschenk machen. Amen"; vgl. SChr 130, 202-204.

35 Die Wendung „Gnade um Gnade" verwendet die gleich Präposition wie die griechische Übersetzung von „Auge um Auge und Zahn um Zahn" (Ex 21,24). Gemeint ist das gleiche Mass. Mit Augustinus und der folgenden Tradition können wir sagen: Was das menschgewordene Wort von Natur aus war, das werden wir durch Gnade. Gott wirkt in uns das unentgeltliche Geschenk der Vergöttlichung: Wir werden „Teilhaber an der göttlichen Natur" (2 Petr 1,4).

36 Hier ist nicht der Ort, ausführlich von den philosophischen Strömungen zu reden, die für den Perspektiven-Wechsel verantwortlich sind. Vom 12. Jh. bis ins 16. Jh. hinein wechselte der Schwerpunkt ganz allgemein vom Sein zum Bewusstsein. Die Folge davon war ein vermehrtes Interesse an der persönlichen oder subjektiven Erfahrung. Damit verlor das Objektive und Gemeinschaftliche an Gewicht. Gegensätzliche Positionen wurden nicht offiziell geleugnet, aber weil das Interesse an ihnen fehlte, wurden sie in der Praxis oft übersehen. Je bekannter etwas ist, desto auffälliger wirkt dann seine Vernachlässigung.

37 Ronald Knox hat das – ironisch und nicht unbedingt sehr tolerant – dargestellt: *Enthusiasm: A Chapter in the History of Religion, with Special Reference ot the XVII and XVIII Centuries* (Oxford University Press 1950).

38 Umgekehrt gehört zur Mitgliedschaft in der Kirche notwendigerweise die Einheit im Glauben – allgemeine Akzeptanz der geoffenbarten Wahrheit. Deswegen wird die Taufe für gewöhnlich nicht ohne Unterweisung gespendet, die Kommunion wird nur jenen gereicht, die den gemeinsamen Glauben bekennen, und im Idealfall werden die Sakramente mit der Verkündigung des Gotteswortes verbunden.

39 Wer das johanneische Denken studieren will, braucht gemäß P.W. Schmiedels Kommentar zum Johannes-Evangelium „ein langes Leben"; *Das vierte Evangelium gegenüber den drei ersten* (Tübingen 1906), 61.

40 *De Vitis Patrum, Liber V*; Verba Seniorum, 72; PL 73, 966 ab.

41 Der Satz scheint direkt auf das *verbum breviatum* in Röm 9,28 zurückzugehen; dieses nimmt ein Wort von Jes 10,22 auf. Es mag sich auch um eine Anspielung auf das Thema von der Hand Gottes handeln, die nicht zu kurz ist (vgl. Jes 50,1; 59,1). Mit vielen andern traditionellen Aussagen bekommt die Wendung *verbum abbreviatum* allmählich mehr und mehr Gewicht. Der hl. Bernhard gebraucht den Ausdruck in seinen Werken sechzehn Mal.

42 J. A. Mohler SJ gab seiner Arbeit über den hl. Augustinus den Titel *A Speechless Child is the Word of God* (New York City Press 1992).

43 Denis macht die wichtige Unterscheidung von *apòphasis* und *katàphasis*, den beiden Polen der Rede von Gott: Der erste Begriff anerkennt die Grenzen der menschlichen Sprache und spricht folglich von Gott nur in negativen Begriffen; er spricht der Gottheit alles ab, was eine inhärente Beschränkung bedeute könnte. So gilt Gott als unbegrenzt, jenseits von Raum und Zeit, unveränderlich, jenseits von Worten usw. Diese Art von Theologie findet sich vor allem in der Ostkirche. Der Westen zog dagegen den Begriff *kataphasis* vor. Es steht für eine positive Theologie, die das

aussagt, was in Gott größer ist: Gnade, Treue, Güte und Wahrheit können Gott auf eine analoge Weise zugeschrieben werden. Der Unterscheidung liegt die Überzeugung zugrunde, dass die göttliche Wirklichkeit alles menschliche Reden übersteigt. Die Gleichnisse Jesu geben uns gewiss ein Bild von Gott – aber die vielen Deutungen zeigen, dass ihr Sinn nicht eindeutig ist. Offenbarung geschieht in Bildern und Bilder sind immer kulturgebunden, einseitig und mehrdeutig. Wir können in der Bibel nicht nach genauen Definitionen, logischen Deduktionen oder wasserdichten Schlüssen suchen. Das gehört zum nicht abgeschlossenen Prozess der Offenbarung.

44 Walter C. Kayser hat dreiundsiebzig schwierige oder offensive alttestamentliche Texte gesammelt und versucht, sie für den modernen Leser zu deuten; vgl. *Hard Sayings of the Old Testament* (Inter Varsity Press, Downers Grove IL, 1988). Ich schätze diesen wichtigen Versuch, doch scheint mir, wir müssen uns mit der grundsätzlichen Fremdheit der Bibel versöhnen und uns nicht verpflichtet fühlen, Werte, die zu anderen Zeiten und an anderen Orten normal waren, zu verteidigen. Solche Texte zu verbreiten ist sehr schwierig, denn wer sie verstehen will, muss nicht nur auf ihren Wortsinn, sondern auch auf die literarische Technik und die theologischen Voraussetzungen achten. Auch so bleiben viele Schwierigkeiten.

45 Zweifellos haben die biblischen Autoren viele der bestimmenden Werte den umliegenden Kulturen übernommen – aber nicht alle. Die Bibel ist eine Anthologie von oppositionellen Erzählungen und Gesprächen und lehnt sehr oft den *status quo* ab: Abraham verließ Ur, Mose zog aus Ägypten fort, Joshia weigerte sich, auf der kanaanitischen Kultur aufzubauen, die deuteronomistische Schule war gegen das Königtum, Jeremia war gegen das Priestertum, Amos gegen die Berufs-Propheten, Qohelet gegen die Weisheit. Ebenso verkündet das Neue Testament eine weit reichende Trennung von der Umwelt. Neben der routinemäßigen Legitimierung des *status quo* gibt es in der Bibel eine starke Tendenz zum revolutionären Denken und zur prophetischen Anklage. Dass im Kanon solche gegen das Bestehende gerichteten Ausfälle Platz fanden, war lange Zeit eine Quelle von Verwirrung und Trost.

46   Die Überlieferung gibt das mit der Wendung *Amor ipse notitia* wieder: „Die Liebe selbst ist eine Form von Wissen". Dieses Axiom aus den Großen Evangeliums-Homilien Gregor des Großen (27,4; PL 76, 1207a) war im Mittelalter bei den geistlichen Autoren sehr beliebt.

47   Der hl. Ephräm der Syrer spricht davon in seinem Kommentar zum Diatesseron (SChr 21): „Wer kann den ganzen Reichtum auch nur eines deiner Worte erfassen, Herr? Was wir erfassen, ist weniger, als was wir zurücklassen, wie ein Durstiger, der von einer einzigen Quelle trinkt. Dein Wort ist so weit und groß wie die Ausrichtung derer, die es lesen" (Nr. 52). „Wenn du mit Lesen nicht aufhörst, bekommst du zu einer anderen Zeit, was du ob deiner Schwachheit nicht auf einmal aufnehmen kannst" (Nr. 53). Eine Übersetzung des Textes findet sich im Römischen Brevier am 6. Sonntag im Jahreskreis.

48   Johannes Kassian, *Konferenzen* 14.11; SChr 54, 197.

49   Das deswegen, weil die Überlieferungen von drei Gästen und dem einen Gast in der zusammengesetzten Erzählung einfach nebeneinander stehen. Die Väter fanden darin ein „Geheimnis". *Tres vidit et unum adoravit*: „Er sah drei und betete einen an". Diese Interpretation liegt Rublews berühmter Dreifaltigkeits-Ikone zugrunde.

50   Die Art und Weise, wie das Neue Testament das Alte verwendet, zeigt oft eine gewisse Bereitschaft zum spielerischen Umgang mit den Quellen. Ein typisches Beispiel ist für mich das Zitat von Hos 11,1 bei Matthäus: „Aus Ägypten rief ich meinen Sohn" (Mt 2,15). Der Verfasser des ersten Evangeliums will den Weg Jesu vor allem als Erfüllung dessen zeigen, was Gott in der Vergangenheit getan und verheißen hatte. Er will nicht eine kritische Deutung des Prophetentextes geben. Subjektiv gesehen kann eine solche selbstverständliche Vertrautheit mit der Bibel zu mehr Verständnis führen als eine unterkühlt-sterile Auslegung.

51   Hier ist nicht der Ort zu erklären, wie die göttliche Inspiration einen schriftlichen Text *hervorbringt*. Zweifellos ist da nicht eine innere Stimme, die den Text Wort für Wort diktiert. Das Wirken des Geistes ist viel innerlicher und gibt dem Schöpferischen der

Verfasser ganz Raum; das Ergebnis ist etwas Menschliches und Göttliches. Das Gleiche gilt für die Menschwerdung. Wie Christus ist auch die Bibel „ganz menschlich und ganz göttlich". Viele Werke, vor allem allgemeine Kommentare oder Einführungen in die Bibel erklären das gut.

52 Henri de Lubac, *Exégèse médiévale: les quatre sens de l'Ecriture* (Aubier, Collection „Théologie"; Paris, 4 Bände, 1952-1962).

53 Die allegorische Deutung hat die patristische Exegese in Verruf gebracht. Tief in der antiken Philosophie verwurzelt, sucht sie einen verborgenen Sinn, indem sie verschiedene Teile eines Textes je anders deutet – etwa wie Freud die Träume interpretiert. Auch das Neue Testament kennt Beispiele für den Gebrauch von *Typus* (das Naheliegende oder Sichtbare) und von *Antitypus* (das Verborgene, auf das der Typus hinweist). Beispiele sind Gal 4, 24 und Hebr 8, 5. Bei den von pythagoräischen Gedanken beeinflussten Vätern ist die mystische Deutung, d.h. der Sinn, den sie gewissen Zahlen zuschreiben, besonders schwierig. Joh 5 spricht vom Mann, der 38 Jahre lang lahm war. Für Augustinus ist die Zahl 38 = 40-2. Der Lahme steht für den vollkommenen jüdischen Glauben (40); ihm fehlen aber zwei Dinge: Die Liebe zu Gott und zum Nächsten. Das scheint uns heute eine eigenartige und subjektive Deutung zu sein, es gab aber Regeln, die eine gewisse Sicherheit boten. Als dichterische Improvisation über ein Thema ist sie akzeptabel, wenn man denn solche Ausflüge schätzt. Als ernsthafte Deutung des Wortsinnes kann sie aber keinen Platz beanspruchen. Der hl. Bernhard und viele andere monastische Autoren des 12. Jh. betrachteten die Allegorie als etwas, das nur im äußersten Fall verwendet werden sollte. Positiv ist an der allegorischen Auslegung der phantasiereiche Wille, die Offenbarung als ein harmonisches Ganzes zu verstehen. Der Wunsch ist lobenswert, auch wenn die Mittel ungeeignet sind.
Einen hilfreichen Überblick über die verschiedenen allegorischen Themen gibt Jean Daniélou SJ, *From Shadow to Reality: Studies in the Typologiy of the Fathers*, Burns & Oates, London 1960.
Ein modernes Beispiel für die allegorische Deutung ist Thomas Mertons *Bread in the Wilderness*, New Directions, New York 1953. Das Buch spricht mich und viele andere nicht an; manche schätzen es wegen seiner poetischen Qualität. In einem Rückblick auf seine Werke wertet Merton am 6. Februar 1967 sein Buch als

„nicht so gut"; vgl. Th. Merton, *Honorable Reader: Reflections on My Work*, Crossroad, New York 1989; Anhang 2, 150-151. Eine positive Bewertung der Allegorie in der Entwicklung der Kultur gibt Anna-Teresa Tymienicka (Hrsg.), *Allegory Revisited: Ideals of Mankind* (Analecta Husserliana XLI), Reidel, Dordrecht 1994.

54   Augustinus sagt: „Weil wir Menschen sind, sind wir auch schwach; weil wir schwach sind, beten wir"; Enarr., Ps 29,2.1; CChr 38, 174.

55   Edward Schillebeeckx hat den Begriff „Orthopraxis" (rechtes Tun) als Ergänzung zu „Orthodoxie" (rechtes Denken) populär gemacht; vgl. *Understanding of Faith: Interpretation and Criticism*, Sheed & Ward, London 1974, 63-70. Er will damit sagen, dass nur eine authentisch gelebte Antwort die Gültigkeit einer Deutung erweist. Eine theoretische Übereinstimmung mit bestehenden Regeln reicht nicht. Man könnte aber auch sagen, dass das Verstehen mitunter dem Tun folgt. So können wir z.B., die radikale Botschaft der Bergpredigt nicht verstehen, wenn wir nicht versuchen, sie zu leben. Indem wir die Worte Jesu in der Praxis befolgen, geht uns ihre Wahrheit auf, nicht umgekehrt.

56   Migne übernahm es unter dem Titel *Scala Paradisi* im Anhang zu den Werken von Augustinus; PL 40, 997-1004. Edmund Colledge und James Walsh haben in SChr 163 einen kritischen Text veröffentlicht.

57   RB 7.

58   *Scala Claustralium 2*; SChr 163, 82-84.

59   *Scala Claustralium 12*; SChr 163 106-108. Die Kontemplation ist denen eigen, die schon im Himmel sind; im gegenwärtigen Leben kann man sie manchmal durch ein Privileg sozusagen schmecken. Das ist die Ansicht der meisten mittelalterlichen Autoren. Der wirkliche Gipfel des geistlichen Aufstiegs ist der Himmel.

60   *Sermo* 38.4; SChr 202, 292.

61   *Speculum Claustralium* 14; SChr 163, 112. Von der Verbindung der verschiedenen Stufen spricht auch der vorausgehende Abschnitt (13): „Diese Stufen sind miteinander verbunden und hän-

gen so vom Dienst ab, den sie einander tun; die ersten Stufen helfen wenig oder nichts, wenn die anderen nicht folgen. Ebenso bringen die folgenden Stufen selten etwas, wenn ihnen die anderen nicht vorausgehen." Was bringt es, die Zeit mit ständiger Lesung zu verbringen und sich mit den Worten und Taten der Heiligen zu befassen, wenn wir sie nicht wiederkäuen, über das Gelesene ernsthaft nachdenken, ihm den Sinn entnehmen und diesen an das innerste Herzen weiterreichen? So sollen wir die eigene Lage betrachten und mit Enthusiasmus die Werke vollbringen, von denen so gerne lesen. Guigo wusste, dass die Leiter ein Bild und nicht die Wirklichkeit selber ist; das Bild wörtlich zu verstehen zu wollen, würde es seiner bildlichen Kraft berauben.

62   Zitiert bei de Lubac, *Exégèse médiévale*, Band 2.1, 14.

63   Therese von Liseux, *Her last Conversations*, John Clarke, O.C.D. (Übers.), I.C.S. Publications, Washington 1977; The Yellow Notebook, August 4, 1897, nr 5, 132.

64   So Gerhard Kittel u.a., Theologisches Wörterbuch zum Neuen Testament, sowie G. Johannes Botterweck u.a., Theologisches Wörterbuch zum Alten Testament.

65   Beispielsweise Lexikon für Theologie und Kirche, 3. Auflage, Freiburg u.a. 1993-2001; Kleines Stuttgarter Bibellexikon, Stuttgart 1999 (auch als CD-Rom); Herders Neues Bibellexikon, Freiburg 2009.

66   Dogmatische Konstitution über die Göttliche Offenbarung, *Dei Verbum*, nr. 12. Diese Prinzipien sind seither wiederholt aufgegriffen und weiter entwickelt worden. Die Päpstliche Bibelkommission veröffentlichte im November 1993 ein großes Dokument mit dem Titel: „Die Auslegung der Bibel in der Kirche"; es wurde von Papst Johannes Paul II bestätigt, Einführung von Kardinal Ratzinger, dem Wächter über die Orthodoxie. Leslie Houden sagt lobend dazu, dass „das Meiste von einer Gruppe von nicht-katholischen liberalen Forschern stammen könnte"; The Times Literary Supplement, nr. 4772 [16. September 199], 15.

67   Vgl. etwa. J. B. Bauer, *Encyclopedia of Biblical Theology: The Complete Sacramentum Verbi*, Crossroad, New York 1981. Weniger

hart: Xavier Léon-Dufour, Wörterbuch zur biblischen Botschaft, Herder 1964.

68 Wie Raymond E. Brown, Joseph A. Fitzmyer & Roland E. Murphy, *The New Jerome Biblical Commentary*, Prentice Hall, Englewood Cliffs 1990. Ähnlich Hubertus Halbfas, Die Bibel (Patmos, [5]2007).

69 Unter anderem Neue Echter Bibel; HThKAT, HThKNT. Immer noch empfehlenswert: Geistliche Schriftlesung (Patmos).

70 Nicht alle populären Kommentare lohnen die Lektüre; manchmal sind es nur Text-Paraphrasen. Die darin enthaltenen spärlichen Informationen bieten auch Bibelausgaben mit Anmerkungen. Ein professionelleres Werk lohnt die besondere Mühe. Ein großer Kommentar ist aber nicht unbedingt besser – besonders wenn es um die Vorbereitung der *lectio divina* geht.

71 Viel Material findet sich auch im Internet, auf CD-ROMs etc.

72 Solche Parallelübersetzungen bietet beispielsweise Programme wie BibleWorks, Quadro Bibel oder SEBS (Stuttgarter Elektronische Studienbibel).

73 Diese Texte im Buch Deuteronomium zu verfolgen, wäre ein Beispiel für den oben erwähnten „Wanderweg". Alle Texte, die wir betrachten, lassen uns die Erinnerung noch mehr schätzen. So werden die Texte zu vertrauten Merkpunkten in einer sonst fremden Umgebung, und wir beginnen auch andere Elemente wahrzunehmen.

74 Vgl. *Culture and Commitment: A Study of the Generation Gap*, Panther, London 1972, 119.

75 J. B. Metz, Zukunft aus dem Gedächtnis des Leidens. Eine gegenwärtige Gestalt der Verantwortung des Glaubens. Concilium Heft 6/7 (1972), 399-407.

76 Aelred von Rievaulx vergleicht den Akt der Erinnerung mit einer liebenden Umarmung, die zur Vereinigung mit Gott führt. "Die Erinnerung ist wie eine Umar-mung, durch welche die Seele ohne alles Vergessen an Gott hängt" (*Predigt In nativitate Domini*, in C. H. Talbot (Hrsg.), Sermones Inediti B. Aelredi Abbatis Rievallensis,

Editiones Cistercienses, Rom 1952, 38). „So umfängt der Mensch seinen Gott durch die Erinnerung ohne jede Art von Müdigkeit" (*Predigt In die Pentecosten*, ebd., 108). Anderseits versteht Wilhelm von St. Thierry die Erinnerung nicht als Akt, sondern als Fähigkeit; für ihn ist die Erinnerung das Schlafzimmer, in dem die Vereinigung vollzogen wird (*In Cant 76*; SChr 82, 186).

77 Das betont Alexander Solschenitzyn 1983 in seiner Rede bei der Übergabe des „Templeton Price for Religion": „Und wenn ich gebeten würde, kurz das hauptsächliche Merkmal des zwanzigsten Jahrhunderts *als ganzes* zu nennen, könnte ich auch hier nichts Genaueres und Zutreffenderes sagen als das: ‚Die Menschen haben Gott vergessen'. Die Schwäche des menschlichen Gewissens, das seiner göttlichen Dimension beraubt ist, war der bestimmende Faktor in allen größeren Verbrechen dieses Jahrhunderts"; The Orthodox Monitor 15 (January to July 1983), 3.

78 So schreibt Bernhard von Clairvaux (Sent. 1,12; SBO 6b.10-18-22): „Die Erinnerung an Gott ist der Weg zur Gegenwart Gottes. Wer sich der Gebote bewusst ist, um sie zu beobachten, wird von Zeit zu Zeit den Lohn erhalten, indem er die Gegenwart Gottes wahrnimmt".

79 SC 11.12; SBO 1.55.1219.

80 *Konferenz* 1.22; SChr 42, 107.

81 Firmen, die ihren Angestellten erlauben, zu Hause am Computer zu arbeiten, legen Wert darauf, dass die Arbeit in einer geschäftsmäßigen Umgebung getan wird, nicht am Küchentisch mit zu beaufsichtigenden Kindern in der Nähe. Manche schreiben einen eigenen, von der Wohnung getrennten Arbeitsraum und sogar entsprechende Arbeitskleidung vor. Für diese Firmen ist die Umgebung (Ambience) ein wichtiger Beitrag zur Qualität der Arbeit. Vielleicht sind die Kinder dieser Welt in ihrer Art weiser als die Kinder des Lichtes!

82 Ich spreche hier von jenen, die für sich lesen. Auf das gemeinsame Lesen komme ich später zu sprechen. Wenn mehrere Personen beisammen sind, ist die richtige Umgebung vielleicht noch wichtiger.

83 Eine Frau erzählte mir, sie erinnere sich besser an Details, wenn sie Bücher mit großer Schrift lese. Das scheint mir glaubhaft, auch wenn ich mich nicht auf experimentelle Daten stützen kann.

84 Eine Anzahl passender Gebete findet sich in: Vincent Ryan und Nivard Kinsella (Übers.), *Proclaiming All Your Wonders: Prayers for a Pilgrim People*, Liturgical Press, Collegeville, MN 1992. Diese Gebete wurden für das Stundengebet geschrieben, lassen sich aber auch privat gut gebrauchen.

85 Vgl. Jerome Kodell OSB, *Lectio divina* and the Prayer Journal, *Review for Religious* 39 (1980), 582-591.

86 Im Mittelalter gab es Vorschriften, die es den Mönchen verboten, während der Lesung den Kopf in die Kapuze zu stecken – dieser warme, dunkle und private „Raum" erleichterte das Einschlafen.

87 Vgl. Römer 7,23. Obgleich Paulus wohl die schwierige Situation der Ungetauften im Auge hat, haben die Kommentatoren während Jahrhunderten in der Klage die Erfahrung der Christen gesehen, die noch nicht völlig erlöst und darum noch in der Gewalt der Sünde sind.

88 Vgl. Aldous Huxley, *The Devils of Loudun*, Penguin Books, Harmondsworth, 1971, 188-189.

89 Manchmal können wir die Meinung, wir seien fehlerlos, nur aufrechterhalten, wenn wir das mit dem Gebet verbundene Tun herunterspielen. Wenn wir Situationen meiden, in denen wir früher Gott begegneten, dann ist Gottes Schweigen nicht so laut. Wir unterlassen die echte *Lectio divina* zugunsten des Studiums und einer auf das Wissen fixierten Lektüre. Oder wir geben die *Lectio divina* überhaupt auf.

90 *Von der Buße*, PG 49, 282d.

91 Johannes Kassian spricht ausgezeichnet von dieser Erfahrung: „Der Verstand wird beim Gebet [und auch bei der *Lectio divina*] durch das geformt, was er im Voraus war. Wenn wir uns zum Gebet niederwerfen, spielen frühere Taten, Worte und Eindrücke vor unserer Phantasie wie zuvor, sie machen uns zornig oder traurig oder lassen vergangene Wünsche oder dummes Gelächter in uns

nochmals aufleben. Ich schäme mich einzugestehen, dass uns sogar komische Worte und Taten unterhalten und dass sich unser Verstand ablenken lässt, indem wir uns vergangene Gespräche ins Gedächtnis zurückrufen" (*Konferenz* 9,3; SChr 54, 42).

92 Aelred von Rievaulx, *Sermo in Adventu Domini*, Nr. 11; PL 184, 823ab.

93 Bedauerlicherweise sind fast alle „patristischen" Autoren „Väter" und nicht „Mütter". Ich spreche weiterhin von „Patrologie", von „patristisch" und von „Kirchenvätern", weil das der Statistik entspricht, nicht weil ich das möchte. Wo es möglich ist, versuche ich inklusive Begriffe zu finden. Im Allgemeinen sind die patristischen Autoren große Bischöfe, Prediger und Lehrer des ersten Jahrtausends. Gewöhnlich werden sie aufgrund der Sprache, in der sie schrieben, klassifiziert – z. B. griechische, lateinische oder syrische Kirchenväter –, sodann nach ihrer Herkunft oder nach der Schule, der sie angehörten: afrikanisch, alexandrinisch, kappadokisch usw.

94 Ich bin skeptisch, wenn eine „Zuchtmeister"-Theologie alle Väter in *eine* Reihe stellt und versucht, sie als eine einzige, homogene Gruppe zu verstehen. Wenige Themen entsprechen dem Kriterium von Vinzenz von Lérins: *„Was überall, immer und von allen geglaubt wurde".* Meistens gibt es bei den Vätern nur relative Übereinstimmungen. Aufs Ganze gesehen sind sie eher Quellen tieferen Verstehens als Propagandisten einer einzigen Parteidoktrin.

95 RB 73,3-4.

96 Manche Artikel im nun vollständig erschienenen *Dictionnaire de Spiritualité* geben Einführungen dieser Art.

97 *Tjurunga* 12 (1976), 75-83. In der gleichen Nummer ein Artikel von Vincent Desprez, „How Readable are the Fathers Today?", 85-93.

98 Hinweise in der Literaturübersicht am Schluss.

99 *Patres Ecclesiae*, 2. Januar 1980.

100 Vgl. *The Pope Speaks* 35.5 (Mai/Juni 1990), 167-187.

101 Die Jungen Kirchen, für die Englisch die zweite oder dritte Sprache ist, tun sich schwer damit, mit modernen Übersetzungen von Vätertexten vertraut zu werden. AIM, die monastische Organisation, die sich für die Einpflanzung des Mönchtums in fremden Kulturen einsetzt, veröffentlicht seit 1990 eine Serie von kurzen, auf „Basic English" übersetzten Vätertexten. Diese sind so etwas wie die Zusammenfassungen von *Reader's Digest*. Sie bemühen sich, Inhalt und Eigenart der Originale zu wahren, haben aber eine einfache Syntax, einen einfachen Wort-Schatz und geben komplizierte Themen leicht verständlich wieder. Die Serie mit dem Titel „Witness for Christ" enhält die Didache, die Briefe von Ignatius von Antiochien, Tertullians „Das Gebet", Bernhards „Über die Gottesliebe". Die Texte sind in Stanbrook Abbey (Worcester), England, erhältlich.

102 Das klassische Beispiel für eine solche Biographie ist Peter Browns Augustine of Hippo. A Biography, Faber & Faber, London 1967. Deutsch: Peter Brown, Augustinus von Hippo. Eine Biographie. Neuausg. (DTV, München 2000). Nicht alle Biographien kombinieren wissenschaftliche Klarheit und Zugänglichkeit für den gewöhnlichen Leser so brillant. Auch die zweibändige Biographie von Chrysostomus Baur, *John Chrysostome and his Time*, Sands, London 1959 & 1960, hat es mir angetan.

103 Im Unterschied zu mündlichen Botschaften hatten die Briefe gewöhnlich einen halb-öffentlichen Charakter. Sie wurden aufbewahrt, weil sie oft kurze Abhandlungen über bestimmte Themen oder Beispiele für den Umgang mit besonderen Situationen waren. Zu den Autoren, deren Korrespondenz (in Englisch) zugänglich ist, gehören Ambrosius, Athanasius, Augustinus, Basilius, Cyprian, Gregor von Nazianz, Hieronymus, Johannes Chrysostomus und Leo der Große.

104 Vgl. meinen Artikel „Western (Latin) Spirituality", in Downey (Hrsg.) *The New Dictionary of Catholic Spirituality*, 1021-1027.

105 Dies der Titel eines berühmten Buches von Jean Leclercq, dem großen Kenner des westlichen Mönchtums; 2. Auflage 1978 bei SPCK, London. Deutsch: Wissenschaft und Gottverlangen – zur Mönchstheologie des Mittelalters (Düsseldorf 1963).

106 Die patristischen Lesungen wurden, wie es die Regel Benedikts vorsieht, in der klösterlichen Liturgie, bei der Tischlesung und bei der „collatio", der gemeinsamen Lesung am Ende des Tages öffentlich gelesen,

107 Der Bestand der mittelalterlichen Bibliotheken ist nicht eine Sache von Vermutungen, sondern Gegenstand intensiver Forschung. Zum Beispiel Anne Bondéelle-Souchier, *Bibliothèques cisterciennes dans la France médiévale: Répertoire des abbyes d'hommes*, CNRS, Paris 1991. Wir wissen, welche Bücher wann zur Verfügung standen.

108 Für jene, die an Belegen für diese Behauptung interessiert sind, habe ich eine Liste von Werken zusammengestellt, die sich Aspekten des Lebens im 12. Jh. widmen: „Bernhard von Clairvaux: Forty Years of Scholarship" in: John S. Martin (Hrsg.), *St. Bernard of Clairvaux: The Man*, University of Melbourne 1991; Fussnote 43, 40-41.

109 *Ultimus inter Patres sed primis certe non impar.* So in der *Praefatio generalis* zu den Neuauflagen seiner Ausgabe von Bernhards *Opera omnia*, Nr. 23.

110 Vgl. meinen Artikel „Thomas Merton within a Tradition of Prayer", CSQ 13 (1979), 372-378; CSQ 14 (1980), 81-92. Abgedruckt in Patrick Hart (Hrsg.), *The Legacy of Thomas Merton* (CS 92), Cistercian Publications, Kalamazoo 1086, 25-47.

111 Das Folgende verdanke ich dem bekannten Artikel von René Arnou, „Platonisme des Pères", im *Dictionnaire de théologie catholique*, Band 12, Spalten 2258-2392. Der Artikel erschien zum ersten Mal 1935. Viele verallgemeinernde Aussagen werden heute in Frage gestellt, aber der Überblick über die hier behandelten Themen ist immer noch gültig. Vgl. auch Ivanka, *Plato Christianus: La réception critique du platonisme chez les Pères de l'Eglise*, Presses Universitaires de France, Paris 1990; A. H. Armstrong (Hrsg.), *The Cambridge History of Later Greek and Early Medieval Philosophy*, Cambridge University Press, 1970, vor allem 425-533; Pierre-Thomas Camelot, „Hellenisme", DSp 7, Sp. 145-164; Marcia M. Colish, *The Stoic Tradition from Antiquity to the Early Middle Ages*, Brill, Leiden 1985.

112 Martin Luther war gegen die Einbeziehung der aristotelischen Philosophie in die Theologie und verteidigte die ältere, platonisierende Überlieferung der Väter. Seine Folgerung war, dass „der ganze Aristoteles für die Theologie wie Dunkel für das Licht ist"; vgl. seine „Disputation gegen die scholastische Theologie", in Timothy F. Lull, *Martin Luther's Basic Theological Writings*, Augsburg Fortress, Minneapolis, 1989, 16. Vgl. K. Aland, Luther Deutsch. Band 1 (Göttingen 21983), 355-362.

113 Dieses Thema erreichte im 12. Jh einen Höhepunkt, vgl. Robert Javelet, *Image et ressemblance au douzième siècle: De Saint Anselme à Alain de Lille*, Edition Letouzey & Ané, Paris 1967. Vgl. auch Stephan Otto, *Die Funktion des Bildesbegriffes in der Theologie des 12. Jahrhunderts*, Aschendorff, Münster 1963.

114 Vgl. Aimé Solignac, „Mémoire", DSp 10, Sp. 991-1002; Hermann-Joseph Siegen, „Mnèmè Theo", DSp 10, Sp. 1407-1414.

115 Meist, aber zu Unrecht Bernhard von Clairvaux zugeschrieben. Der Hymnus wurde vermutlich gegen Ende des 12. Jh. in England verfasst, sicher unter dem Einfluss Bernhards. Vgl. André Wilmart, *Le „Jubilus" dit de saint Bernard: Etude avec textes*, Edizioni di storia e letteratura, Rom 1944. Der Hymnus ist die Nummer 126 in *The Australian Hymn Book*.

116 Vgl. meinen Artikel „Apatheia", in Downey (Hrsg.), The New Dictionary of Catholic Spirituality", 50-51.

117 Das steht im Gegensatz zu der weit verbreiteten Ansicht von Autoren wie Dodds und Festugière; nach ihnen ginge die aszetische Bewegung aufgrund des platonischen Dualismus auf die Verachtung der menschlichen Natur zurück. Die frühen Mönche hatten einen klaren Blick für das Zusammenspiel von Leib und Seele und wussten aus Erfahrung, dass an der psychosomatischen Front um das Herz gekämpft wurde. „Nach dem antiken Denken war der Leib viel stärker in die Umgestaltung der Seele einbezogen", vgl. Peter Brown, *The Body and Society: Men, Women and Sexual Renunciation in Early Christianity*, Faber, London 1989, 235; Deutsch: Die Keuschheit der Engel (DTV 1994).

118 Der Begriff der Teilhabe wurde im Denken von Thomas von Aquin sehr wichtig. Vgl. L.-B. Geiger, *La participation dans la philoso-phie de S. Thomas d'Aquin*, Vrin, Paris 1953.

119 Ich habe dieses Thema ausführlicher behandelt in: *A thirst for God: Spiritual Desire in Bernard of Clairvaux's Sermons on the Song of Songs* (CS 77), Cistercian Publications, Kalamazoo, 1988.

120 Plotin, *Sixth Ennead*, in: Stephen McKenna und B. S. Page (Übers.), *The Great Books of the Western World*, 17, Encyclopaedia Britannica, Chicago, 1952, 360.

121 In DSp 2, Sp. 1643-2193 gibt es einen großen, von sehr kompetenten Autoren verfassten Artikel über die Kontemplation. In den Spalten 1716-1742 behandelt René Arnou Platos diesbezügliche Ansichten. Die interreligiösen Aspekte der kontemplativen Erfahrung haben Moshe Idel und Bernard McGinn (Hrsg.) erforscht: *Mystical Union and Monotheistic Faith: An Ecumenical Dialogue*, Macmillan, New York 1989.

122 *Republica*, Buch 6, 490; *Timaeus*, 90.

123 Vgl. die Artikel unter dem Titel „Divinisation", in DSp 3, Spalten 1370-1459.

124 Im englischen Original folgt hier eine Liste von Werken über die Väter, sowie von geeigneten Väter-Lesungen. Dazu bemerkt der Autor abschließend, es sei in jedem Fall besser, sich den Schriften der Väter zuzuwenden, als zuviel Zeit mit dem Lesen von Werken über sie zu verbringen.

Literaturhinweise zur *lectio divina*

Berthold Altaner, Alfred Stuiber: Leben, Schriften u. Lehre der Kirchenväter, 9. Aufl., Herder, Freiburg i.Br./Basel/Wien 1980

Enzo Bianchi: Dich finden in deinem Wort. Die geistliche Schriftlesung, Herder, Freiburg i.Br./Basel/Wien 1988

Enzo Bianchi: Gott im Wort. Die geistliche Schriftlesung, Franz Sales Verlag, Eichstätt 1997

García M. Colombas: Lectio Divina – das Herz Gottes im Wort Gottes entdecken, Books on demand, 2003

Edgar Friedmann OSB: Die Bibel beten. Lectio divina heute (= Münsterschwarzacher Kleinschriften 88), Vier Türme, Münsterschwarzach 1995

Guigo der Kartäuser: Scala Claustralium – Die Leiter der Mönche zu Gott. Eine Hinführung zur Lectio divina. Übersetzt von Daniel Tibi, Traugott Bautz, Nordhausen 2008

Albert Hamann; Alfons Fürst: Kleine Geschichte der Kirchenväter: Einführung in Leben und Werk, Herder, Freiburg i.B., 2. durchges. Aufl. 2006

Christiana Reemts: Ein Gespräch ohne Ende. Lesung und Auslegung der Heiligen Schrift (Artikel); www.geistige-schriftauslegung.de

Michael Schneider: Lectio divina. Leben mit der Heiligen Schrift (Edition Cardo 4), Patristisches Zentrum Koinonia-Oriens, Köln 1997

Heinz Schürmann: Ein Jahr der Jesusbegegnung. Die Evangelien der liturgischen Leseordnung für Werktage ins Gebet genommen. Ein Werkbuch für geistliche Schriftlesung und inneres Gebet, Bonifatius Verlag, Paderborn 1997

Fulbert Steffensky: Das Haus, das die Träume verwaltet, Echter Verlag, Würzburg [7]2002